ちくま学芸文庫

スペクタクルの社会

ギー・ドゥボール
木下 誠 訳

筑摩書房

スペクタクルの社会——目次

スペクタクルの社会

凡例

1 本書は Guy Debord, *La Société du Spectacle*, Gallimard, 1992 の全訳である。

2 訳文中、原著の引用符部分は「　」、（　）はそのまま（　）で示した。イタリック部分のうち書名には『　』、強調には傍点を用いた。場合により（　）内に原綴を挿入し、〔　〕内で訳者による補足を行った。また各章末に訳注を掲げた。

フランス語版第三版への緒言

本書『スペクタクルの社会』は最初、一九六七年十一月、パリのビュシェ＝シャステル書店から出版され、一九六八年の紛争〔＝フランス五月革命〕によって有名となった。その後この本は、一九七一年に、シャン・リーブル書店――一九八四年に同書店の編集者が暗殺された後は、その名を取ってジェラール・ルボヴィッシ書店となる――から、初版とただの一語の変更もなく再版され、その版が一九九一年まで定期的に版を重ねた。本〔＝ガリマール〕版もまた、一九六七年版と厳密に同じままである。さらに当然のことながら、今後ガリマール書店から出される私の本の再版にはすべて、同じ規則が適用されるだろう。私は自分の意見を訂正するような人間ではない。

ここに私が述べた批判理論は変更されるべくもない。この理論が初めて正確に定義した歴史の長期間にわたる一般的諸条件が解体されてしまわぬうちはそうである。現在もなお持続中の〔資本主義社会の〕発展は、スペクタクルの理論をますます真実のものとし、それをいっそうよく説明するが、今ここで私が繰り返す主張はまた、より狭い意味において歴史的であるとも見なせるだろう。すなわち、それは一九六八年の争乱の時に最も過激な立場であったもの、それゆえ一九六八年において既に知ることが可能であったものを証言しているのである。この時代の罠に最もひどく囚われていた者たちですら、それ以来、彼らの存在すべてが被った失望によって、「眼に見えるものとなった〔＝明白な〕生の否定」や、商品という形態と結びついた「質の喪失」や、「世界のプロレタリア化」といった言葉が意味していたことを理解することができるようになったのである。

さらに私は、この同じプロセスのその後の進行のなかで明らかになっていった新たな事態のうちで最も注目すべきことに関し、そのときどきにいくつかの他の所見を付け加えた。一九七九年、イタリア語新訳版への序文を書く際に、私は工業生産の性質そのものにおいても統治技術においても、スペクタクルの力の利用が惹き起こしつつあった実質的変化について論じた。一九八八年の『スペクタクルの社会についての注解』においては、それまでの「集中的スペクタクル」と「拡散的スペクタクル」という敵対的な二つの世界の間での「スペクタクルの世界的任務分担」が終わりを告げて、以後「統合的スペクタクル」という共通の形態のなかに融合したということを論証した。

この融合は、テーゼ105——それは一九六七年以前に起きていたことに関し、いくつかの相反する実践によって以前の形態をいまだ区別していた——を訂正することによって簡潔に説明されるかもしれない。〔二大陣営への〕階級権力の大分裂《グラン・シスム》〔本来は一四、一五世紀の教会大分裂を指す語）が和解によって終わりを告げた以上、いまや、統合的スペクタクルの統一的実践が今日では「世界を経済的に変化させ」たと同時に、「知覚を警察的に変化させた」と言わねばならない（この場合の警察とはそれ自体、完全に新たなものとなった警察である）。

世界が統一されたとついに公式に宣言することが可能になったのは、全世界の政治経済的現実においてこの融合が既に生産されていたというただそれだけの理由からである。そしてそれはまた、分離された権力が普遍的に到達した状況があまりに重大であるため、この世界はできる限り早く統一される必要があったためでもある。この世界は、スペクタクル的に偽造されスペクタクルによって保証された世界市場という同意に基づく同一の組織に、単一のブロックとして参加する必要があったのである。だが、この組織も最終的には統一されることはないであろう。

「商品経済のための代替支配階級」たる全体主義的官僚主義は、決して自らの運命を十分信用しなかった。それは、自らが「支配階級の低次の発展形態」であることを知っており、自らがより良い形態のものとなることを願っていた。テーゼ58は、はるか以前に、次のような命題を確立していた──「スペクタクルが根ざしているのは、豊かになった経済の地盤であり、まさにそこから、最終的にスペクタクルの市場を支配することになる果実が生まれるのである」。

スペクタクルを近代化し統一しようとするこのような意志は、社会を単純化する他のすべての面と密接に結びついているが、まさにこうした意志によって、一九八九年、ロシアの官僚主義は突如として、一個の人間であるかのごとく、民主主義という現在のイデオロギー——すなわち、観客《スペクタトウール》的な人間の権利〔=人権〕の承認によって和らげられた〈市場〉独裁の自由——に改宗したのである。西洋では誰一人として、かくも常軌を逸したメディア的事件の意味とその帰結について、ただの一日も論じる者はいなかった。この点に、スペクタクルの技術の進歩が証明されている。人々は、一種の地核変動の外観だけを記録すればよかったのである。人々は、他のあらゆる民主主義の徴候と同じぐらい疑問の余地のないごく単純な徴候——ベルリンの壁の崩壊——を繰り返し述べて満足し、現象の日付を確定するだけで、それが十分よく理解できたと思ってしまうのだ。

一九九一年、近代化の最初の効果がロシアの完全な解体によって現れた。そこには、西洋における以上に率直に、経済の全面的進化の惨憺たる結果が表されている。無秩序はその帰結でしかない。今後いたるところで、同じ恐るべき問題、この二世紀のあいだ世界に取り憑いて離れない問題が提出されることになるだろう。つまり、幻想が裏切られ、力が崩壊した時にいかにして貧乏人を働かせるのかという問題が。

テーゼ111は、われわれがその最終的爆発を見たばかりのロシアの衰退の最初の徴候を確認し、今日の言い方ですれば、コンピューターのメモリーから消失するようにして、一つの世界的規模の社会が近々消滅することを考察していたが、その正しさを容易に実感することができるようになる次のような戦略的判断を述べていた——「官僚主義的欺瞞の同盟が全世界で崩壊することになると、それは結局、現在の資本主義社会の発展にとってもこの上なく不都合な要因となる」。

本書はスペクタクルの社会を妨害することをはっきりと意図して書かれたということを考慮に入れて読まねばならない。本書には、誇張したことは何一つ語られてはいないのである。

ギー・ドゥボール

一九九二年六月三十日

I　完成した分離

「しかしもちろん、われわれの時代は（……）事象よりも形象《イメージ》を原像《オリジナル》よりも写し《コピー》を、現実性よりも表象を、本質よりも外観を好む（……）。なぜかといえば、現代にとって神聖なものはただ幻想だけであって、真理は世俗的なものだからである。それどころか、現代人の眼のなかでは、ちょうど真理が減り幻想が増えるに比例して、神聖さが高まってゆく。そうして、現代人にとっては、幻想の絶頂こそが、同時に聖なるものの絶頂ともなるのである。」

フォイエルバッハ（『キリスト教の本質』第二版への序言[1]）

1

近代的生産条件が支配的な社会では、生の全体がスペクタクルの膨大な蓄積として現れる。[2] かつて直接に生きられていたものはすべて、表象のうちに遠ざかってしまった。

2

生のそれぞれの局面から切り離されたイメージは、一つの共通の流れのなかに溶け込み、そこではもはや、この生の統一性を再建することはできない。部分的に考察された現実は、それ自体の一般的統一性において展開するが、この一般的統一性なるものはそれだけ別に取り出された擬似的な世界であり、単なる凝視の対象でしかない。世界のさまざまなイメージは、特殊化され、自律したイメージの世界のなかで、再び完全な姿となって見出されるが、その時は既に、偽りのものが自己を欺いてしまった後なのである。生の具体的な逆転としてのスペクタクルは、総体として、非‐生の自律的な運動である。

3

スペクタクルは同時に、社会そのものとして、社会の一部として、〔社会の〕統合の道具として、その姿を現す。社会の一部として、それは、あらゆる眼差しとあらゆる意識をこれ見よがしに集中する部門である。この部門は、それが分離されているというまさにその事実によって、眼差しの濫用と虚偽意識の場となる。そして、それが成し遂げる統合とは、一般化された分離の公用言語以外の何ものでもなくなる。

4

スペクタクルはさまざまなイメージの総体ではなく、イメージによって媒介された、諸個人の社会的関係である。

5

スペクタクルを、視覚的世界の濫用や、イメージの大量伝播技術の産物と理解することはできない。むしろそれは、物質的に翻訳され、実効性を有するようになった一つの世界観（Weltanschauung）である。それは客体化されてしまった、世界についての一つのヴィジョンである。

6

スペクタクルは、その全体性において理解すれば、既存の生産様式の結果であると同時にその企図でもある。それは、現実世界を補うものでも、余分に付加された飾りでもない。

スペクタクルは、現実の社会の非現実性の核心なのだ。スペクタクルは、情報やプロパガンダ、広告や娯楽の直接消費といった個々の形式のどれもの下で、この社会に支配的な生の現前的モデルとなる。それは、生産と、その必然的帰結としての消費において、既になされてしまっている選択を、あらゆる場所で肯定する。スペクタクルとは、その形式も内容も、完全に同じように、ともに現システムの諸条件と目的とを完全に正当化するのである。それと同時に、スペクタクルはこの正当化を常に現前させ、近代的生産の外で生きられた時間の主要な部分を占拠するのである。

7

分離[3]とは、それ自体、世界の統一性の一部である。すなわち現実とイメージとに分断されてしまった包括的《グローバル》な社会的実践《プラクシス》の一部である。自律的なスペクタクルは社会的実践の前に差し出されるが、この社会的実践の方もまた、スペクタクルをそのなかに含んだ現実的全体性である。だが、この全体性のうちに生じた分裂は、スペクタクルこそがその実践の目的だと思わせるまでに社会的実践を損なってしまうのである。スペクタクルの言葉《ランガージュ》は時代に支配的な生産活動の記号から構成されるが、これらの記号が同時に、この生産活動の究極的な目的ともなるのである。

8

スペクタクルと実際の社会的活動とを抽象的に対立させることはできない。この二極化はそれ自体、二重化されている。現実を転倒するスペクタクルは現実に生産されている。同時に、生きた現実のなかにもスペクタクルの凝視が物質的に浸透し、現実は、スペクタクル的な秩序に積極的な支持を与えることによって、己れの裡にその秩序を再び取り込むのである。両方の側に客観的現実が存在する。こうして固定されたおのおのの概念は、反対物のなかへの移行だけを己れの基盤としている。すなわち、現実はスペクタクルのなかに生起し、スペクタクルは現実である。この相互的な疎外こそが現存の社会の本質であり、それを支えるものなのである。

9

現実に逆転された世界では、真は偽の契機である。

10

スペクタクルという概念は、多様な外観を示す現象を統一し、説明する。この多様性や対照《コントラスト》は、社会的に組織された外観が示すさまざまな現れであるが、社会的に組織された外観そのものは、その一般的真理において認識せねばならない。それ固有の観点にもとづいて考察すれば、スペクタクルとは、外観の肯定であり、人間的な、すなわち社会的な生を単なる外観として肯定することなのである。しかし、スペクタクルの真理をあばく批評は、スペクタクルとは生の明らかな（visible）否定、眼に見えるもの（visible）となった生の否定にほかならないことを暴露する。

11

スペクタクルの形成と機能、その解体をめざす諸力とを記述するには、本来分離しえないさまざまな要素を人工的に区別しなければならない。スペクタクルの分析には、ふつう、ある程度までスペクタクル的なものの言語そのものが用いられ、スペクタクルのなかで自らを表現するこの社会の方法論的領域に入って語られる。だが、スペクタクルとは、一つの社会‐経済的編成体の全体的実践の意味以外の何ものでもなく、その時間の使い方にほかならない。それはわれわれを含み持つ歴史的契機《モメント》なのである。

12

スペクタクルは、それについて議論することも、それに接近することも不可能な常軌を逸した肯定性として姿を現す。それは、「現れ出るものは善く、善きものは現れ出る」と語るだけだ。スペクタクルが原則的に要請する態度は、スペクタクルを受動的に受け入れる態度であるが、有無を言わせぬ出現の仕方と外観の独占によって、スペクタクルは既にそれを事実上手に入れてしまっている。

13

スペクタクルの本質的に同語反復的な性格は、その手段が同時にその目的でもあるという単純な事実に由来する。スペクタクルとは、現代的な受動性の帝国の上で決して沈まぬ太陽である。それは、この世界の全表面を覆い尽くし、いつまでも己れの栄光に浸っている。

14

近代的産業にもとづく社会がスペクタクル的であるのは、偶然でもなければ、表面的なことでもない。そうした社会は本質的にスペクタクル主義的なのである。支配的経済のイメージであるスペクタクルにおいて、目的は無であり、発展こそがすべてである。スペクタクルがなろうとめざしているものは、己れ自身以外の何ものでもない。

15

現在生産されている事物の不可欠な装飾として、システムの合理性を一般的に提示するものとして、ますます増大するイメージ・オブジェを直接に作り出す先端的な経済部門として、スペクタクルは、今日の社会の主要生産物となっている。

16

スペクタクルは、経済が人間を完全に服従させたという限りにおいて、生ける人間を己れに服従させる。それは、自らのために発展する経済にほかならない。それは、モノの生産を忠実に反映し、生産者を忠実ではないやり方で客体化したものである。

17

社会生活に対する経済の支配の第一段階は、あらゆる人間的現実の定義を存在（être）から所有（avoir）へと明らかに堕落させてしまった。蓄積された経済的成果が社会生活を完全に占拠してしまった現在の段階は、所有（avoir）から外観（paraître）への全面的地すべりが行われている段階だ。そこでは、あらゆる実質的「所有」が、己れの即時的威光と最終的機能を「外観」から汲み取らねばならない。同時に、あらゆる個人的現実は社会的なものとなり、社会権力に直接依存し、それによって作り上げられることになる。個人的現実は、存在しないという限りにおいてのみ姿を現すことが許される。

18

現実の世界が単なるイメージに変ずるところでは、単なるイメージが現実の存在となり、催眠的行動を生み出す有効な動機となる。もはや直接には捉えることができなくなった世界を、さまざまな専門化された媒介物によって見せる一つの傾向として、スペクタクルは、他の時代においては触覚が引き受けていた人間の感覚における特権的地位を、ふつうは視覚に見出す。最も抽象的で、最も詐術に長《た》けたこの感覚は、今の社会の一般化された抽象性に対応している。だが、スペクタクルは、たとえ聴覚と組み合わされようと、単なる眼差しと同一視することはできない。それは、人間の活動からも、人間の所業を再検討したり、正したりすることからも逃れ去るものである。それは、対話とは正反対のものである。独立した表象のあるところならどこにでも、スペクタクルは自己を再構成するのである。

19

スペクタクルは、人間の活動を、見るというカテゴリーの支配下で理解した西洋哲学の企図の持つ弱点のすべてを受け継いでいる。したがって、それは、この思考から生じた厳密な技術的合理性の絶えざる展開に基礎づけられている。スペクタクルは哲学を実現するのではなく、現実を哲学化する。すべての人の具体的な生が、思弁的な（spéculatif）世界に堕落したのである。

20

分離された思考が持つ力、そして分離された力が持つ思考としての哲学は、決して独力で神学を乗り越えることはできなかった。スペクタクルとは、宗教的幻想を物質的に再構築したものである。スペクタクルの技術は、人間が己れから切り離した自分自身の力を託していた宗教の雲を吹き払いはしなかった。それは、単に宗教を地上的な基礎に再び結びつけただけだ。その結果、最も地上的な生が、不透明になり、息苦しいものとなったのである。スペクタクルの技術は、宗教を絶対的に拒絶して、宗教の偽りの楽園を天に投げ返すのではなく、それを己れの裡に住まわせておく。スペクタクルは、彼岸への人間の力の追放を技術的に実現する。かくして、人間の内部での分裂が完成されるのである。

21

必要というものが社会的に夢見られるようになるにつれて、夢が必要になる。スペクタクルは鎖につながれた現代社会の悪夢だ。それは、結局、眠りの欲望しか表現しないのだから。スペクタクルはこの眠りの見張番なのである。

22

現代社会の実践勢力が自己自身から身を引きはがし、スペクタクルのなかに自分たちのための独立した帝国を建てたという事実は、この強力な実践が一貫性を欠き続け、自己矛盾のなかにとどまっていたという、もう一つの事実によってしか説明しえない。

23

スペクタクルの根幹にあるものは、最も古い社会的専門化、権力の専門化である。スペクタクルはしたがって、他の者すべてに代わって語る専門的活動なのである。それは、位階的な社会が己れの前に差し出す言葉巧みな代理表象であり、そこでは他のどのような言葉も閉め出されている。最も現代的なものは、そこでは、同時に最も古くさいものである。

24

スペクタクルとは、現体制が自分自身に関して行う途絶えることのない言説であり、この体制の雄弁な独白である。それは権力が生存条件を全体主義的に管理する時代における権力の自画像だ。スペクタクル的関係のなかで純粋に客体化された物神崇拝的《フェティシスト》な外観は、そこに含まれた人間どうしの間の、また階級間の関係という特徴を隠蔽する。第二の自然が、運命の法則によって、われわれの環境を支配しているように見えるのである。だが、スペクタクルは、自然な発展と見なされた技術的発展の必然的産物ではない。スペクタクルの社会は逆に、自らの技術的内容を選択する形式なのである。スペクタクルを、その最も圧倒的な表面的発現である「マス・コミュニケーションの手段」という限定された側面において理解する場合、それは、単なる道具として社会に侵入するように見えるかもしれないが、実際は、この道具は中立なものなどではまったくなく、まさにスペクタクルの完全な自己運動に適した道具以外の何ものでもない。そうした技術が発展する時代の社会的欲求が、それらに媒介されることによってしか満足を見出せないとすれば、また、この社会の管理と人間どうしの間のあらゆる接触とが、もはやこの瞬間的なコミュニケーションの力に仲介されることによってしか行われえないとすれば、それは、この「コミュニケーション」なるものが本質的に一方向的なものだからだ。その結果、コミュニケーションの力の集中は、結局のところ、本来ならば特定の管理者〔＝行政〕を追いつめることが可能になるようなこの手段を、既存のシステムの管理者の手の内に蓄積することになってしまう。スペクタクルの一般化された分裂は、現代の国家、すなわち社会的労働の分割〔＝分業〕の産物であり階級支配の機関であるこの社会の分裂の一般的形式と切り離すことができないものなのである。

25

分離こそがスペクタクルのアルファでありオメガである。労働の社会的分割の制度化と諸階級の形成とが、聖なるものに対する最初の凝視を生み出した。それは、あらゆる権力がその起源の時点から己れの身を包み込んでいた神話的体制《オルドル》である。聖なるものは、支配者たちの利害に適った宇宙的・存在論的秩序《オルドナンス》を正当化し、社会が行いえないことを説明し、それを美化したのである。分離された権力は、それゆえ、すべてスペクタクル的だった。だが、ある不動のイメージへの万人の賛同というものは、現実の社会的活動の貧しさを想像によって引き延ばすことを全員が承認したということを意味したにすぎない。この社会的活動の貧しさは、自分たちの統一的条件として、まだ広く感じられていたのである。現代のスペクタクルは、逆に、社会がなしうることを表現する。しかし、この表現においては、許可されることは可能なことと絶対的に対立している。スペクタクルは、生存条件が実際上変化するなかでの無意識の保持なのである。スペクタクルは、自らが自らの生産物であり、その規則を定めたのも自分自身である。それは擬似的な聖なるものである。それは己れが何であるかを示す。すなわち、スペクタクルとは、それ自体において発展する分離された力である。それは、労働の分割を身振りの細分化へと絶えず精巧化させつつ生産性を増大させ、さらに、その細分化された身振りを個々の機械の独立した運動に支配させ、常に拡大し続ける市場のために働かせるのである。この運動の過程で、共同体も批判意識もすべてが解体されてきた。そしてこの運動のなかで、自己を分離することによって成長することができた勢力はいまだ新たに見出されてはいない。

26

労働者と彼の生産物との全面的な分離が生じると同時に、彼が成し遂げた活動への統一的な視点も、生産者どうしの間の直接の個人的コミュニケーションも、すべてが失われる。分離された生産物の蓄積と生産過程の集中が進むにつれて、統一性もコミュニケーションもシステムの指導者だけの属性となってしまう。分離にもとづく経済システムの成功とは、世界のプロレタリア化なのである。

27

分離された事物を分離された生産方法によって生産することに成功したまさにそのことによって、初期社会では主要な労働と結びついていた基本的な経験が、いまや、システムの発展の極において、非-労働の方へ、無活動の方へとその場を移しつつある。だが、この無活動は、いかなる点でも生産活動から自由ではない。それは生産活動に依存し、不安とあこがれを抱きながら生産の必要と結果とに従属している。この無活動は、それ自体が生産の合理性の産物なのである。活動の外に自由はありえないのに、スペクタクルの枠内であらゆる活動が否定されているのは、まさに、こうした結果を包括的に築き上げるために現実の活動がスペクタクルのなかにすべて完全に取り込まれてしまったからにほかならない。したがって、余暇の増大による今日の「労働からの解放」は、いかなる意味でも、労働のなかでの解放でも、この労働によって作られた世界の解放でもない。労働のなかで奪い取られた活動は、どのようなものであれ、労働の結果への従属のなかに再び見出されることはありえない。

28

孤立に基礎を置く経済システムは、孤立を循環的に生産する。孤立は技術を基礎づけ、その見返りに、技術のプロセスは孤立する。自動車からテレビまで、スペクタクルのシステムによって選択された財はすべて、「孤独な群衆」の孤立状況を常に強化する武器でもある。スペクタクルは、己れの前提を、常により具体的なかたちで再発見するのである。

29

スペクタクルの起源は世界の統一性の喪失であり、また、現代のスペクタクルの途方もない拡張は、この統一性の喪失が全体的であることを表現している。スペクタクルのなかには個々の労働すべての抽象化と集団的生産の一般的抽象化とが、完璧なかたちで表されている。というのも、スペクタクルの具体的存在様態とは、抽象化にほかならないからである。スペクタクルにおいて、世界の一部がこの世界の前で演じられ〔＝代理‐表象され(se représente)〕、しかもそれはこの世界よりも優れたものなのである。スペクタクルとは、この分離の共通言語にほかならない。観客どうしを結びつけるものは、彼らを孤立状態に保つ中心自体に対する彼らの不可逆的な関係だけである。スペクタクルは分離されたものを一つに結び合わせるが、分離されたままのものとして結び合わせるのである。

30

凝視される対象（それは、観客自身の無意識的活動の結果なのだが）に対する観客の疎外は次のように言い表される。観客が凝視すればするほど、観客の生は貧しくなり、観客の欲求を表す支配的なイメージのなかに観客が己れの姿を認めることを受け入れれば受け入れるほど、観客は自分自身の実存と自分自身の欲望がますます理解できなくなる。活動的な人間に対するスペクタクルの外在性は、観客の身振りがもはや彼自身のものではなく、自分に代わってそれを行っている誰か他人のものであるというところに現れてくる。それゆえ、観客はわが家にいながらどこにもいないような感覚を覚える。というのも、スペクタクルはいたるところにあるからである。

31

労働者は自己を生産するのではない。一つの独立した力を生産するのである。この生産の成功、この生産の大きさは、生産者のもとに、非所有の大きさとして戻ってくる。疎外された彼の生産物が蓄積されるにつれて、彼の世界の時間と空間のすべてが、彼にとっては疎遠なものとなるのだ。スペクタクルは、この新たな世界の地図、この世界の領土を正確に覆う地図である。われわれから逃げ去った力そのものが、そのすべての威力をともなって、われわれの前に示して見せられるのである。

32

社会のなかのスペクタクルは、疎外が具体的に作り出したものに対応している。経済の拡張とは、主として、その精密な工業生産の拡張でしかなく、自分のために運動する経済とともに成長するものは、まさに元来その中心にあった疎外以外の何ものでもない。

33

己れの生産物から分離された人間は、自己の世界のあらゆる細部を作り出すことにますます意を注ぎ、その結果、ますます自己の世界から分離される。いまや、彼の生が彼の生産したものであればあるほど、彼は自分の生から分離されるのである。

34

スペクタクルとは、イメージと化すまでに蓄積の度を増した資本である。

訳注

(1) フォイエルバッハ『キリスト教の本質』(上) 船山信一訳、岩波文庫、一九六五年改版、三三頁。

(2) ドゥボールは、ここで、マルクスの『資本論』第一巻、第一章「商品」の冒頭の一句「資本主義的生産様式が支配的な社会では、富は『商品の膨大な蓄積』として現れる」を「転用」している。

(3) 「分離」(séparation) とは、ヘーゲルとマルクスでは「外化」(Entäußerdung) あるいは「疎外」(Entfremdung) と呼ばれるもので、シチュアシオニストが好んで用いたキー・ワードの一つ。ラウル・ヴァネーゲムの『若者用処世術概論』(Raoul Vaneigem, *Traité de savoir-vivre à l'usage des jeunes générations*, Gallimard, 1967, p. 120) によると、「分離」は次のように定義される。「社会組織の基礎である私的所有は、人間を自分自身からも他の人間からも分離した状態に置く。統一的な人工の天国が、時いたらずに破れてしまった統一の夢想を、多少とも幸福な状態で修復しようと努めているが、しかしそれも空しい。——創造する快楽から破壊する快楽まではほんの一歩だ。だが、その一歩こそが権力を破壊するのである」。

II　スペクタクルとしての商品

「商品が社会的存在全体の普遍的カテゴリーである場合にのみ、商品はその偽りのない本質的あり方において把握されることができる。このような連関のなかではじめて、商品関係によって生じてくる物象化は、社会の客観的発展に対しても、この発展に対する人間の態度に対しても、決定的な意味を持つようになる。すなわちこの物象化は、物象化がそこに表現されている諸形態に人間の意識が従属させられているということに対して（……）決定的な意味を持つようになるのである。（……）労働過程の合理化と機械化が進むとともに、労働者の活動はますますその活動性を失い、静観〔＝凝視〕的態度に陥るのだが、このことによって、この意志の従属はさらにひどくなるのである。」

ルカーチ『歴史と階級意識』[1]

35

スペクタクルの本質的運動は、人間の活動のなかに流動的な状態で存在していたすべてのものを自らのうちに取り込み、それらを凝固した状態で、すなわち、生きた価値を否定的に様式化することによって価値を独占的に体現するモノとして、所有することにある。この運動のなかに、われわれの旧来の敵の姿が認められる。その敵とは、見た目には、何か取るに足らぬあたりまえの事物のように見えるが、実は、逆に非常に複雑で、数多くの微妙な形而上学的問題を含むもの、すなわち、商品である。

36

スペクタクルのなかにおいて絶対的に完遂されるものは、商品の物神化《フェティシズム》の原理であり、「感覚しうるけれども感覚を超えたさまざまなモノ」による社会の支配である。そこでは、感覚しうる世界は、感覚を超えたところに存在すると同時にすぐれて感覚可能なものとして自分を承認させた選《え》りすぐりのイメージに置き換えられている。

37

スペクタクルが見えるようにする世界は存在すると同時に不在であるが、その世界は、生きられたもの〔＝経験〕すべてを支配する商品の世界である。商品の世界は、そのようにして、あるがままの状態で示される。というのも、商品の運動とは、人間を他の人間から、そしてまた自分の生産物全体から遠ざける運動と同じものであるからだ。

38

スペクタクルが讃える事物と規制する行動それぞれの質の喪失は、スペクタクルの言語のあらゆるレヴェルにおいてあまりにも明白だが、それは、現実を退ける実際の生産活動の基本的性格を表しているにすぎない。商品形態とは、徹頭徹尾、自己自身に対する相等性であり、量のカテゴリーである。それが発展させるものは量であり、量においてしか発展しえないのである。

39

この発展は質的なものを追放するが、発展という性格上、それ自体、質的移行を被らざるをえない。すなわち、スペクタクルは、この発展が自らの豊かさの閾を超え出たということを意味するのである。このことは、地域という点では、まだいくつかの地域にしか当てはまらぬが、商品本来の生まれ来たるところは世界的であるという点では、すでに世界的に妥当する。地球全体を世界市場として取り集める商品の実際の運動がそれを証明してきた。

40

生産力の発展とは、人間集団の生存条件を、単なる生き残り(2)の条件として、またその条件の拡大として組み立てると同時に改変してきた無意識の現実の歴史であった。それこそが、生産力のすべての企ての経済的基盤だったのだ。商品部門は、自然経済の内部においては、生き残りの余剰の構成物でしかなかった。商品生産には、互いに独立した生産者間での多様な生産物の交換が含まれていたが、商品の生産そのものは、量的真理がまだ顕わになっていない周縁的経済機能の一つとして、長い間、職人的なものにとどまっていられた。しかし、それが大規模な商業や資本の蓄積という社会状況に遭遇したところでは、商品生産が経済を全面的に支配するようになり、その時に、経済全体が、この征服の過程で現れてきた商品の素顔、すなわち量的発展の一過程となってしまったのである。この商品という形態の下での経済力の絶えざる展開は、人間の労働を商品としての労働、すなわち賃労働(salariat) へと変形し、その積み重ねの上にある種の豊かさを実現する。そのなかでは、生き残るという最初の問題はおそらく解決されるだろうが、それは、その問題が常に新たに姿を現さざるをえないようなやり方によってである。つまり、生き残るという問題は、そのつど、新たに、より高いレヴェルで提出されるのである。経済の成長は、生き残るための差し迫った闘いを必要とした自然の重圧から社会を解放するが、その場合も、社会は自分たちの解放者からは解放されない。商品の独立性は、商品に支配された経済全体にまで広がったからである。経済は世界を変形するが、経済の世界にのみ変形するのだ。人間の労働が疎外された擬似的な自然は、自らへの奉仕を限りなく追求することを〔人々に〕執拗に求めるが、この奉仕の良し悪しを判断するのはただ自分だけなので、それが実際に手に入れるものは、それへの奉仕者たちと同じく、社会的に合法な努力と企図の全体である。商品の豊かさ、つまり商業関係の豊かさとは、もはや増大した余分な生〔＝生き残り〕でしかありえないのである。

41

経済に対する商品の支配は、最初は密かなやり方で行われた。もっとも、経済というもの自体が、社会生活の物質的基盤としては、身近ではあるがよくわからぬもののように、認識も理解もされぬままだったのではあるが。具体的な商品が稀少であるか少数である社会では、貨幣による支配は見かけ上のことで、貨幣は、未知の力の名において語る全権密使として現れる。産業革命、手工業的分業、世界市場のための大量生産とともに、商品は、社会生活を現実に占領しにやって来た力として、その実質的な姿を明らかにする。支配的な学としての、また支配の科学としての経済学が作られたのはその時である。

42

スペクタクルは、商品が社会生活を完全に占領するにいたった瞬間に現れる。その時、単に商品への関係が眼に見えるようになるだけではなく、もはやそれしか見えなくなる。人が見る世界がその人の世界となるのだ。現代の経済生産は、広がりにおいても程度においても、その独裁体制を拡大している。工業化の程度が最も低いところでも、いくつかの花形《スター》商品によって、また、生産性の発展の頂点にある地帯による帝国主義的な支配として、その支配体制は既に姿を現している。先進地帯では、社会空間は、切れ目なく重なり合った地層のように、商品にすっかり覆い尽くされている。「第二の産業革命」とも言うべきこの段階では、疎外された消費は、大衆にとって、疎外された生産を補足する義務となっている。社会が売りに出した全労働は、総体として、全体的商品となり、その循環《サイクル》が続いてゆかなければならない。そのためには、この完全な商品が、一つの全体として機能する生産力から完全に分離され、断片化された個人に、断片となって立ち戻って来なければならない。それゆえ、そこでは、支配を専門とする科学が、今度はそれ自体、さらに専門化される必要が生じる。それは社会学、精神工学、サイバネティクス、記号学などに細分化され、このプロセスの全レヴェルでの自動制御がうまく働くように見張るのである。

43

資本の本源的蓄積段階では、「経済学はプロレタリアートに労働者しか見ない」(3)。つまり自分の労働力の維持に不可欠な最小限のものを受け取るだけの者である。プロレタリアートを「彼らの余暇の時間において、人間として」考察することは決して行わないのである。ところが、商品生産において達成された豊かさの水準を守るのに労働者の余分の協力が必要になると、たちまち、支配階級のこの理念的立場は逆転する。この労働者たちは、生産の組織様態をとっても、監視様態をとっても、あらゆる点で自分たちにあからさまに示されていた完全に侮辱的な態度を突如として改められ、毎日、生産活動の埒外にいる消費者という偽装の下、見かけ上は一人前の人物として、心からの丁重さでもてなされることになる。その時、商品のヒューマニズムが、労働者の「余暇《レジャー》と人間性《ヒューマニティ》」とを引き受けることになるが、それは単に、いまや経済学がこれらの領域を経済学として支配することが可能であり、そうせねばならないからにすぎない。かくして、「人間の完全な否認」が、人間の全実存を引き受けたのである。

44

スペクタクルは、財を商品と同一視し、満足をそれ自体の法則に従って増大する余分な生と同一視することを受け入れさせるための、永遠の阿片戦争である。しかし、消費可能な余分な生が常に増大していかねばならぬ何ものかであるとすれば、それは、そこに、常に剥奪（privation）が含まれているからにほかならない。増大した余分な生にいかなる彼方も、余分な生がその成長をやめることの可能ないかなる地点もないとすれば、それは、余分な生そのものが剥奪の彼方にあるのではなく、より大きくなった剥奪にほかならないからである。

45

現代産業の最も進んだ部門でもあり、現代産業の実践が完璧に凝縮されたモデルでもあるオートメーションの出現とともに、商品の世界は一つの矛盾を乗り越えねばならなくなる。つまり、客観的には労働を削減する技術装置が、同時に商品としての労働、そして商品の唯一の発生源としての労働を保存せねばならないという矛盾を。オートメーション、あるいはオートメーションほど極端ではないにせよ労働生産性の増大を産み出す他のどのような形態でも、それによって社会全体のレヴェルで必要な社会的労働の時間が実質的に減ることのないようにするためには、新たな雇用を創り出さねばならない。第三次産業やサーヴィス部門とは、今現在の商品の流通と称讃とを任務とする部隊のさまざまな後方兵站ラインが途方もなく広がったものである。そこでは、補充部隊の動員は、しかじかの商品に関する需要の人為性そのものにおいて、しかじかの後方労働の組織化の必要に都合よく合わせて行われる。

46

交換価値は使用価値の代理人としてしか形成されえなかった。だが、交換価値は、自分の武器で勝利を克ち取ることによって、自律的な支配の条件を産み出したのだ。人間によるあらゆる使用を動員し、その満足を独占的に手に入れることによって、交換価値は最後には使用そのものまで統御することになった。交換のプロセスがありとあらゆる使用と同一視され、己れの意のままにそれを服従させてきた。交換価値は使用価値の傭兵であるが、この傭兵は最後には自分の利益のために戦争を遂行するのである。

47

使用価値の傾向的低下という資本主義経済の基調は、増大した余分な生の内部で新しいかたちの剝奪を発展させる。とはいえ、この新しいかたちの剝奪は大多数の人間を、賃金労働者として自らの努力の限りない追求に参加させるが、彼らはみな、それに従うか、さもなくば死ぬかのどちらかだということを知っているので、かつての欠乏状態から解放されているわけではない。それこそが、この脅迫の現実である。事実、最も貧しいかたちでの使用（食べること、住むこと）は、もはや、増大した余分な生の幻想の豊かさのなかに閉じ込められた状態でしか存在しえない。そして、それこそが、現代の商品の消費において幻想一般が受け入れられるための現実的基礎なのである。現実の消費者は幻想の消費者となってしまった。商品とは実際に現実のものとなったこの幻想であり、スペクタクルとはその一般的な表出なのである。

48

交換価値のなかに暗黙裡に含まれていた使用価値はいまや、スペクタクルの逆転した現実のなかで、公然と示されなければならない。それは、スペクタクルの実質的な現実が、過度に発展した商品経済に侵食され、偽の生に対する擬似的な正当化が必要となったからにほかならない。

49

スペクタクルは貨幣のもう一つの顔である。すなわち、スペクタクルとは、あらゆる商品の抽象的な一般的等価物である。だが、貨幣が、中心的等価性——すなわち、使用については比較不可能であった多種多様な財を交換可能にする性質——を表象するものとして社会を支配してきたとすれば、スペクタクルは現代におけるその発展した補完物である。そこでは、社会全体のありうる姿、また、社会全体がなしうることと一般的に等価なものとして、商品世界の全体が一括したかたちで姿を現す。スペクタクルは単に眺めるだけの貨幣である。というのは、スペクタクルのなかでは既に、使用の全体は、抽象的な表象の全体と交換されてしまっているからである。スペクタクルは擬似的な使用の奉仕者であるだけでなく、既にそれ自体が生の擬似的な使用なのである。

50

社会的労働の集中の成果は、経済的豊かさが達成される瞬間に、見かけのものとなり、すべての現実を外観に従わせる。いまや、この外観こそが社会的労働の産物なのである。資本はもはや生産様式を統率する眼に見えぬ中心ではなく、資本の蓄積は、周辺部においても、感覚できる事物のかたちで資本を誇示する。社会の広がり全体が資本の肖像となるのである。

51

自律的経済の勝利は、同時にその敗北でもあるはずだ。それが解放した力は、かつての社会の不変的基礎であった経済的必要というものを取り除いてしまう。自律的経済が経済的必要を無限の経済発展の必要に置き換える時、それがなしうることは、大雑把に認められていた人間の基本的欲求の満足の代わりに、自律的経済自身の支配を維持するという唯一の擬似的な欲求に最終的に帰着するさまざまな擬似的な欲求を常にでっち上げることだけだ。だが、自律的経済は、知らぬまに自らに依存していた社会の無意識を超え出るという限りにおいて、人々の深い欲求から永久に分離されてしまうのである。「意識されるものはすべてすり減る〔＝使用される〕。意識されないものは変質せずに残る。だがそれも、ひとたび自由になれば、瓦礫と化してしまうのではなかろうか？」（フロイト）

52

社会が自分は経済に依存しているということを発見する時、実際には、経済の方が社会に依存している。この隠れた力は、最高の権威をまとって姿を現すにいたるまで大きくなったが、同時にその力を失いもした。経済のエス〔＝無意識〕があるところに、モワ〔＝自我〕が来なければならない。主体は社会からしか、つまり社会そのもののなかにある闘争からしか生起しない。ありうべき主体の実存は、歴史の経済的土台の産物にしてその生産者として姿を現す階級闘争の成果にかかっている。

53

欲望の意識と意識の欲望とは、ともに同じように、否定的《ネガティヴ》形態によって階級の廃絶を望む企て、つまり労働者が自分たちの活動のあらゆる瞬間を直接に所有しようとする企てである。スペクタクルの社会はそれとは正反対のものである。そこでは、商品は、自らが創り出した世界のなかで、自らを凝視しているのである。

訳注

（1）『ルカーチ著作集』9、城塚登訳、白水社、一九六八年、一六六、一七一頁。

（2）「生き残ること」あるいは「余分な生」（survie）とは、ふつうの意味では、本来の死を超えて「生き残ること」、本来なら死んでいたところを生き延びたところに成立する「余分な生」であるが、シチュアシオニストの用語法では、疎外されていない、全体的な「生」に反するものとして、次のように定義される。「余分な生とは、経済的必要性に還元された生である。余分な生とは今日、したがって、消費可能なものに還元されてしまった生を意味する。」（ラウル・ヴァネーゲム、前掲書、一六一頁）。

（3）『一八四四年の経済学・哲学手稿』、『マルクス・エンゲルス全集』40、大内兵衛・細川嘉六監訳、大月書店（以下、大月版『マルクス・エンゲルス全集』と略す）、三九六頁／『経済学・哲学草稿』城塚登・田中吉六訳、岩波文庫、二一七―二一八頁。

III　外観における統一性と分割

「『一は二に分割される』と『二は一に融合する』という観念について、わが国の哲学の戦線で、新たに活発な論争が展開されている。この議論は唯物論的弁証法に賛成する者とそれに反対する者との間の闘争であり、プロレタリア的世界観とブルジョワ的世界観という二つの世界観の間の闘争である。『一は二に分割される』が事物の根本法則であるということを支持する者は唯物論的弁証法の陣営にあり、事物の根本法則は『二は一に統合する』だということを支持する者は唯物論的弁証法に反している。二つの陣営は、自分たちの間に鮮明な境界線を引き、二つの議論は真っ向から対立している。この論争は中国と世界で展開されている複雑で熾烈な階級闘争をイデオロギーの面で反映しているのである。」

『紅旗』北京版（一九六四年九月二十一日号）

54

現代社会と同様に、スペクタクルは統一されていると同時に分割されている。スペクタクルは、現代の社会と同じように、分裂の上に自らの統一性を築いているのである。だが、矛盾は、スペクタクルのなかに現れると、その意味の逆転によって矛盾ではなくなってしまう。その結果、表面に現れた分割は統一され、表面に現れた統一性は分割されることになる。

55

同一の社会経済システムの管理のためになされる権力間の闘争は、公式の矛盾として展開するが、実際は統一的な現実に属している。世界的レヴェルにおいても、一国内においてもそうである。

56

敵対関係にある分離された権力形態間の偽りのスペクタクル的闘争は、同時に現実のものでもある。つまり、それらの闘争は、システムの不均等で葛藤に満ちた発展や、システムを承認する階級あるいは準階級間の相対的に矛盾した利害を物語るとともに、その権力へのそれぞれの参加を定義づけるからである。最も先進的な経済発展の場が他の経済に対するある種の優先権の衝突の場であるのと同様に、官僚制国家による経済の全体主義的管理や、植民地あるいは準植民地圏内に置かれてきた国々の条件もまた、生産様態と権力の様態における著しい特殊性によって定義される。これらの多様な対立は、スペクタクルのなかでは、互いに完全に区別されたさまざまな社会形態のように、まったく別の基準に従って演じられることもある。だが、個々の部門が実質的に産み出す全体の現実にしたがうならば、それらの特殊性の真理は、それを包み込む普遍的システム、すなわち惑星全体を自己の活動領域とした唯一の運動である資本主義のなかに含まれることになるのである。

57

スペクタクルを有する社会は、単に経済的ヘゲモニーだけで低開発地域を支配するのではない。それは、それらの地域をスペクタクルの社会として支配する。物質的基盤がいまだに存在しないところでも、すでに現代の社会はスペクタクルによって各大陸の社会の表層に侵入している。それは、指導階級の政策を決定し、その政体を領導するのである。それは、誰もが欲しがる擬似的な財を差し出すとともに、その地域の革命派に偽りの革命モデルを提供する。いくつかの工業国を手にした官僚主義権力に固有のスペクタクルも、まさしく全体的なスペクタクルの一部である。官僚主義権力の総体を擬似的に否定することも、それを支持することも、その一部なのである。スペクタクルは、さまざまな地域で見つめられることによって、社会の言語《パロール》と管理のさまざまな全体主義的特殊例を見せていることは明らかだとしても、それらは結局、システムの総体的な働きのレヴェルでは、単なるスペクタクルの国際的任務分担へと解消されてしまうのである。

58

スペクタクルの任務分担は、既成秩序の一般性を保存するが、それが主として保存するのはその秩序の発展を支配する拠点である。スペクタクルが根ざしているのは豊かになった経済の地盤であり、まさにそこから、自給自足を自称するいかなる地域的スペクタクルの警察的‐イデオロギー的保護障壁をも乗り越えて、最終的にスペクタクルの市場を支配することになる果実が生まれるのだ。

59

スペクタクルの多彩な気晴らしの下で、凡庸化の運動が現代社会を世界的に支配しているが、その運動は、商品消費の発達によって、選びうる役割と対象とが見かけ上は増大したそれぞれの地点でも、社会を支配している。宗教と家庭——それは依然として階級権力の遺産の主要形態である——の名残、そしてそれらが保証する道徳的抑圧の名残は、この世界を享受することの冗長な肯定と組み合わさって一体のものとなりうる。実際は、この世界は、まさに自らのうちに抑圧を抱えた擬似的な享受としてしか産み出されえないにもかかわらずである。存在するものを満足しきった顔で受け入れることに、純粋にスペクタクル的な反抗が、それと一体のものとして付け加わることもある。そこに表されているものは、経済的豊かさが生産物を拡大し、その生産物を一種の原料として取り扱うことが可能になるやいなや、不満自体が一つの商品となったという単純な事実にすぎないのだ。

60

それゆえ、スターという生ける人間のスペクタクル的代理表象は、己れのなかにありうべき役割のイメージを集中することによって、この凡庸性を集中しているのである。スターの条件とは、外見的な体験の専門家となることであり、深さのない外見的な生への同一化の対象となることだ。それは、人々が実際に体験する生産活動が細かく専門化されていることを埋め合わせねばならない。スターが存在するのは、社会のさまざまなタイプの生活様式やさまざまなタイプの理解の様式を形に表し、包括的に自由にその影響を及ぼすためである。スターは、労働のはるか頭上に魔法の手で運び去られ、あたかも労働の目的であるかのようになってしまったさまざまな労働の副産物——すなわち、誰も疑ってみない一つのプロセスの始めと終わりにある権力や休暇、決断や消費といったもの——を模倣することによって、人々には近づきえない社会的労働の成果を自ら体現する。あちらでは、政府権力が擬似的スターのなかに人格化され、こちらでは、消費のスターが体験に対する擬似権力として圧倒的支持を集める。しかし、こうしたスターの活動が現実には包括的《グローバル》ではないのと同様に、その活動も変化に富んでいるわけではない。

61

スターとして演出されるスペクタクルの代理人は、個人とは正反対のものであり、その者自身においても、他の者に対しても、同じように明白に個人の敵である。同一化のモデルとしてスペクタクルに出演するスターは、事の流れに従うという世間の決まりに自分を一体化させるため、自律的な性格をすべて捨て去ったのである。消費のスターは、外からはさまざまなタイプの人格を代表しているように見えるが、これらのタイプの各々が等しく消費の全体を手に入れることができ、そこに一様に自分の幸福を見出すのだということを表しているにすぎない。〔政治的〕決断のスターは、人間的特質と認められてきたものの完全な一式を持っていなければならない。したがって、彼らの間に存在する公式の差異は、彼らがすべてにおいて優れていることの前提条件である公式の[1]類似性によって打ち消される。フルシチョフが、国家の支配者になった時、彼はクルスクの戦闘を決した将軍だったことに——ただちにではなく、二十年目にして初めて——なっていた。ケネディは、自分の墓の上で自分の称讃演説をするほどの雄弁家であり続けた。というのも、彼が死んだ時にもまだセオドア・ソレンセン[2]が、後継者のために、亡き人物の人柄を述べるための凝った文体の演説を起草していたからである。体制を人格化する偉大な人物が、彼らの現実の姿と異なるということは周知の事実である。彼らは、誰もが知っているように、どれほどわずかな個人的生の現実よりもさらに下に落ちることによって大人物となったのである。

62

スペクタクルの豊かさのなかでの偽の選択、つまり、排他的であると同時に相互に入り組んださまざまな役割（それは主として事物によって意味を与えられ、事物によって担われる）の羅列のように、互いに競合するとともに強く結びついたさまざまなスペクタクルの羅列のなかでの選択は、量的に少ないものに人々を熱狂的に執着させる目的で作られた幻想《ファントム》的な質と争いながら発展する。こうして、消費の序列における地位の低さを空想上の存在論的優越性に変形する務めを負った時代遅れの偽の対立や地域主義、人種主義が再生してくるのである。また、こうして、スポーツ競技から選挙にいたるまで、亜流の遊びの利害を総動員した、延々と続く下らぬ衝突が再構成されるのである。豊かな消費の始まったところでは、若者と大人の間のスペクタクル的な主要対立が、さまざまな偽りの役割の前面に浮かび上がる。なぜなら、人生の師たる大人などというものはどこにも存在せず、既存のものの変革を意味する若さも、いま若い者の特性ではないからだ。若さとは、経済システムの特性であり、資本主義のダイナミズムなのである。支配するのはモノであり、若いのもモノである。モノこそが追い求められ、次々と自己を取り替えてゆくのである。

63

スペクタクル的な対立の下に隠されているものは、貧困の統一性である。完全な選択という仮面の下で、一つの同じ疎外のさまざまな形態が相争っているとすれば、それは、それらすべてが現実の矛盾の抑圧の上に築かれているからにほかならない。スペクタクルが否定すると同時に維持する特殊な段階の貧困の要件の種類によって、スペクタクルの存在は集中した形態になるか、拡散した形態になるかのどちらかである。どちらの場合でも、スペクタクルとは、不幸の揺るがぬ中心にあって悲嘆と不安に取り囲まれた幸福な統合のイメージにほかならない。

64

集中したスペクタクルは、より遅れた混合経済に対して、あるいはまた、先進資本主義の危機のある種の時期において、国家権力の技術として導入されることもありうるが、本質的には官僚主義的資本主義に属する。官僚主義的所有は、実際、個々の官僚が全体経済の所有に関して、官僚主義的共同体を介してしか、この共同体の成員としてしか、関係を持ちえないという意味で、それ自体、集中されたものである。さらに、そこでは、あまり発達していない商品生産もまた、やはり集中した形で現れる。官僚主義が手にする商品は、社会の労働の全体であり、それが社会に再び売りつけるものは、全体としての官僚主義の生き残りなのである。官僚主義的経済の独裁体制は、搾取される大衆にこれといった選択の余地を残しえない。なぜなら、独裁体制自らがすべてを選んだはずだからであり、食料に関してであれ音楽に関してであれ、外部からやってくる他のものに対する選択はすべて、すでにその完全な破壊という選択だからだ。独裁体制はある種の恒常的な暴力をともなわずにはいないのである。独裁体制のスペクタクルにおいて強要される善のイメージは、公式に存在するもののすべてを取り集め、ふつう、それは体制の全体主義的な結束を保証する唯一の人間の上に集中される。この絶対的スターに、人々はうっとりとして同一化するか、さもなくば自ら消え去るしかない。というのも、そこでの問題は、自分たちの非‐消費の師であり、実のところは恐怖政治によって加速された本源的蓄積にほかならない絶対的搾取のために、誰もが容認しうる一つの意味を持った英雄のイメージだからだ。中国人の誰もが毛沢東に学び、そして毛《マオ》であらねばならないのは、ほかになるべきものが何もないからにほかならない。集中したスペクタクルが世のなかを支配するところでは、警察もまた支配しているのである。

65

拡散したスペクタクルには、商品の豊かさ、現代的な資本主義の何にも妨げられない発展がともなっている。ここでは、個々別々に取り上げられたおのおのの商品が、あらゆる事物を生産することの偉大さの名において正当化され、スペクタクルはこの莫大な数の事物を讃えるカタログとなる。互いに両立不可能ないくつもの主張が、豊かな経済の統一されたスペクタクルの舞台の上でひしめき合っている。それは、さまざまな花形商品《スター》が、自分たちの互いに矛盾した社会改善計画を同時にそれぞれ支持するのと同じようなものである。そこでは、自動車のスペクタクルが旧市街を破壊して完全な交通循環を望む一方で、都市のスペクタクルの方はと言えば博物館的地区を要求するのである。それゆえ、全体を消費することだと見なされている満足——それ自体、既に疑わしいが——が間違いであることは、実際の消費者が直接触れることができるのは、商品の幸福のばらばらな断片、全体に属すると見なされた質をそのつど明らかに欠いた断片の集まりでしかないという点において、直ちに明らかになるのである。

66

特定の商品は、それぞれ、自分のために闘い、決して他の商品を認めない。それは、どこでも、自分が唯一の商品であるかのように、あくまでも自己を押しつけようとする。スペクタクルは、その時、この衝突を歌う叙事詩となる。この叙事詩はどのようなイリオン〔＝トロイア〕の陥落によっても結末を見ることはないだろうが。スペクタクルは人間と人間の武器を歌うのではなく、商品と商品の情熱を歌うのだ。この見境のない闘いのなかで、おのおのの商品は己れの情熱に従いつつ、実は無意識のうちにより高次の何か――商品の世界化でもあり世界の商品化でもあるもの――を実現する。そのようにして、商品理性の策略によって、商品の特殊性は闘いのなかですり減ってゆくのに対して、商品形態はその絶対的な実現に向けて進んでいくのである。

67

豊かな商品の使用にもはや満足しえなくなると、人々は商品に商品としての価値を認めることで満足を求めるようになる。それは、自己充足した商品の使用であり、消費者にとっては、商品の至高の自由に対する宗教的感情の流露である。ある生産物があらゆる情報手段に支持され、追い回されて、それに対する熱狂の波が全速力で広がってゆく。あるスタイルの衣服が映画から生まれる。雑誌はある種のクラブを流行《はや》らせ、それがまたさまざまな道具類の一式を流行《はや》らせる。ガジェット〔＝実用性に乏しいがらくた商品〕は、大半の商品がわけのわからぬものになりつつある時、わけのわからぬもの自体が特別の商品となるのだという事実を表している。たとえば、広告入りのキーホルダーは、もはや買って手に入れるものではなく、市販の豪華な品物におまけとして付いているプレゼントか、それに特有の領域から交換によって流れてくるものだが、そのようなキーホルダーには、商品の超越性に神秘的に身を委ねる姿が現れているのを認めることができる。収集されるために製造されたキーホルダーを収集する者は、商品の免罪符を蓄積しているのである。それは、商品の信者たちのなかに自分も実際にいることを示す、栄光に満ちた一つの記号なのだ。物象化された人間は、商品との親密さの証拠を誇示するのである。古い宗教的物神崇拝《フェティシズム》においで見られる、奇跡に身を震わせる者たちの恍惚状態と同じように、商品の物神崇拝《フェティシズム》も強烈な興奮状態の瞬間に達する。ここにおいてなお表現されている唯一の使用は、服従の本質的使用である。

68

確かに、現代の消費において押しつけられている擬似的な欲求は、社会や社会の歴史が作り出したどのような本物の欲求や欲望とも対立するものではない。だが、そこにおいて、豊かな商品は社会的欲求の有機的発展を完全に破綻させるものとして現れる。商品の機械的な蓄積によって、限りない人工物が解き放たれ、その前では生ける欲望は無力なままである。独立した人工物の力の蓄積は、いたるところで社会生活の偽造をもたらすのである。

69

消費によって社会が幸福に統合されているというイメージのなかでは、現実に存在する分割は、消費可能なものにおいてその統合が次に達成できなくなる時まで、単に中断されているにすぎない。個々の生産物は、完全な消費という約束の大地に最終的に入るための輝かしい近道の希いを表さねばならず、それらは順番に決定的に特異なものとして仰々しく差し出される。だが、同年代のほとんどすべての個人に一見貴族的な名前を付ける流行が瞬く間に広まるような場合と同じく、人々が特異な力を期待する事物を大衆の崇拝に向けて差し出すことができたのは、その事物が、大量消費されるために、かなり多くの同種類の事物から抽出されたからにほかならない。この任意の生産物に威信的な性格が生じたのは、一瞬、それが社会生活の中心に、まるで生産の合目的性の神秘を明かすものであるかのように置かれたからにすぎない。スペクタクルのなかで威信をふるっていた事物は、他のすべての消費者の手に落ちると同時に、この消費者の手に落ちる瞬間に通俗的なものとなる。この事物がその本質的な貧しさ——その生産の貧困から当然のものとして受け継いだ貧しさ——を暴露するのはずっと後になってからのことだ。だが、その時には既に、別の事物が、体制《システム》の正当化と承認の要請とを担ってしまっているのである。

70

欺瞞的な満足は、生産物の変化と生産の一般的条件の変化に従って、他のものと置き換えられることで、その欺瞞を自ら暴露せざるをえない。まったく臆面もなく、自分の決定的な優秀性を断言していたものが、拡散したスペクタクルにおいても、集中したスペクタクルにおいても、今ではその意見を変え、体制《システム》だけが変わらずに続いている。時代遅れの商品としてのスターリンは、まさにそれを押しつけた同じ者たちによって告発されているのである。広告の新たな嘘の一つ一つが、自分がついた先の嘘を告白している。全体主義的権力を体現する人物の失脚のそれぞれが、その人物に全員一致で賛同しながら、実際は幻想を砕かれた孤独な人々の寄せ集めにすぎなかった幻想の共同体を暴いている。

71

スペクタクルが永続的なものとして与えるものは変化の上に築かれており、その基礎とともに必ず変化していく。スペクタクルは完全に教条主義的なものであるが、同時に、現実にはいかなる確固たる教義にも達しえないものでもある。スペクタクルにとって停止するものは何もない。状態こそがスペクタクルには自然なのだが、しかしそれはスペクタクルの性向にはまったく反するものなのである。

72

スペクタクルがはっきりと示す非現実的な統一性は、資本主義的生産様式の現実的統一性の基にある階級分割を覆い隠すものである。生産者に世界の建設に参加するよう強いるものは、彼らをそこから隔てるものでもある。地域的・国家的限界から解放された人間どうしを関係づけるものは、彼らを互いに遠ざけるものでもある。合理的なものを深化させるよう強いるものは、階層的搾取と抑圧の不条理を養うものでもある。社会の抽象的な権力を作るものは、社会の具体的な不自由を作るのである。

訳注

（1）モスクワの南約四百キロの都市。フルシチョフが生まれた町であると同時に、第二次大戦中、ドイツ軍をスターリングラードの攻防戦で撃退した後、赤軍の優位のうちに闘われた、一九四三年七月から二か月にわたる闘いの舞台。このクルスクの森での闘いの時に、フルシチョフは、実際には将軍ではなかったにもかかわらず、党第一書記就任時（一九五三年）には、将軍だったことにされていた。「二十年目にして初めて」というのは「十年目」の誤りか。

（2）セオドア・ソレンセン（Theodore Chalkin Sorensen 一九二六年－　）合衆国の弁護士。ケネディ、ジョンソン両大統領の特別法律顧問を務め、その演説のゴースト・ライターとして活躍した。著書に『ケネディの道』（一九六五年。邦訳、大前正臣訳、サイマル出版会、一九八七年）。

Ⅳ　主体と表象としてのプロレタリアート

「この世界の富と楽しみへの万人の平等の権利、一切の権威の破壊、一切の道徳的拘束の否定、それこそが、事態の根底を探ってみれば、三月十八日の反乱の存在理由であり、その反乱に武器を提供した恐るべき集団の憲章だったのだ。」

（三月十八日の反乱に関する国会調査[1]）

73

経済の分野でブルジョワジーが勝利して以降、そして、この勝利が政治的に翻訳されてからは誰の目にも明らかに、さまざまな既存条件を除去する現実の運動が社会を支配してきた。生産力の発展は古い生産関係を粉砕し、静的な秩序はすべて粉々になった。かつて絶対であったものがすべて、歴史的なものとなったのである。

74

人間は、歴史のなかに投げ込まれることによって、また歴史を構成する労働と闘争に参加せざるをえなくなることによって、自分たちの関係を曇りのない眼で考察することを余儀なくされている。歴史的時代を意識しない最後の形而上学的観点《ヴィジョン》には、歴史の展開の舞台である生産力の発展を歴史の対象そのものと見なすことができるであろうが、人間が考察するこの歴史のなかには、歴史の上に実現されるものから区別された対象など存在しない。歴史の主体とは生ける者以外ではありえず、この生ける者が歴史のなかで自己を産出し、歴史という自己の世界の主人にして所有者となり、自己の働きについての意識として存在するのである。

75

ブルジョワジーの台頭によって開始された長い革命的時代の階級闘争、歴史の思考、弁証法、もはや存在者の意味の探索だけにとどまらず、存在するものすべての解体の認識にまで高められる思考、これらのものは一つの同じ流れとして発展してきた。その結果、あらゆる分離が運動のなかで消え失せる。

76

ヘーゲルはもはや世界を解釈する必要はなかった。世界の変容を解釈すればよかったのである。変容を単に解釈することにおいて、ヘーゲルとは、哲学の哲学的完成にほかならない。彼はおのずからでき上がっていく世界を理解しようと望むのだ。この歴史的思考はまだ、常にあまりに遅れて到来し、事後的に自らを正当化する言葉を発する意識にすぎない。だから、それが分離を克服したとしても、それは思考のなかのことでしかない。すべての現実の意味は、それが歴史のなかで完成されるかどうかによって決定されるが、同時に、この意味は歴史の完成として自己を構成することによってしか明らかとならない――この逆説は、十七世紀と十八世紀のブルジョワ革命の思想家が自分たちの哲学に革命の結果との和解をしか求めなかったという単純な事実に由来している。「ブルジョワ革命の哲学としてさえ、それは、この革命の全過程を表現しておらず、その最終的結論だけを表現しているにすぎない。この意味で、それは革命の哲学ではなく復古の哲学なのだ」（カール・コルシュ『ヘーゲルと革命についてのテーゼ』[2]）。ヘーゲルは、「存在するものの称揚」という哲学者の仕事を行った最後の人物だ。だが、彼にとって存在していたものは、既に歴史の運動の全体以外の何ものでもなかった。思考の外在的な立場を実際に維持するためには、思考を「精神」にあらかじめ備わっている企図と同一視することによって、その立場を隠蔽するよりなかったのである。この「精神」という絶対の英雄は、自分の望んだことを行い、自分の行ったことを望んだのであり、その成就は現在と一致する。こうして、歴史の思考のなかで死に絶える哲学は、もはや自らの世界を否定することによってしかその世界を称揚しえない。というのも、言葉を発するためには、哲学は、己れ自身がすべてのことを帰着させてきたこの全体的な歴史を既に終わったものと仮定し、真理の判決を告げることのできる唯一の法廷の会期が終わってしまったと仮定せねばならないからだ。

77

プロレタリアートが、自身の現実態の存在によって、この歴史の思考は決して忘れ去られてはいないのだということを示す時、〔哲学の〕結論を否認することは方法を肯定することでもあるのである。

78

歴史の思考は実践的な思考となることによってしか救われえない。そして革命的階級としてのプロレタリアートの実践とは、彼らの世界の全体に対して作用する歴史意識以外の何ものでもない。革命的労働運動のあらゆる理論的潮流は、シュティルナーやバクーニンにおいても、マルクスにおいても、ヘーゲル的思想と批判的に衝突するなかから生まれてきたのである。

79

マルクスの理論とヘーゲル的方法との切り離しえない性質は、それ自体、この理論の革命的性質、すなわちその真理と切り離すことができない。この点において、この最初の関係は、一般に無視されてきたか、十分よく理解されてこなかった。あるいは、偽ってマルクス主義の教条となっていったものの弱点として断罪すらされてきた。ベルンシュタイン[3]は、『社会主義の諸前提と社会民主主義の任務』のなかで、この弁証法的方法と歴史的立場決定との結びつきを完全に明らかにし、ドイツでのプロレタリア革命の差し迫った状況に対して、一八四七年の『共産党宣言』が科学的根拠に乏しい予測しか示しえなかったことを嘆いている。「この歴史の自己幻惑は、どんな政治の予言者にもそれ以上のものは見出すことのできないほど間違ったものであったが、当時既に経済学を真剣に研究していたマルクスのような人において現れただけに、その幻惑のうちにヘーゲル的矛盾の弁証法の残滓の産物が見られると仮定しなければ、とうてい理解できない。このヘーゲル的弁証法を、エンゲルスに劣らずマルクスも決して完全に捨て去ることはできなかったのだ。誰もが熱狂していたこの時代に、そのことはマルクスにとっていっそう致命的となった(4)」。

80

マルクスがブルジョワ革命の思想を「転移（transfert）によって救出」するために行った転倒は、ヘーゲル的「精神」のたどった道筋——時間のなかで自己と出会い、客体化と疎外とが同じものであり、歴史のなかで受けた傷も傷跡を残さぬような——を、生産力の物質的発展と単純に置き換えることにあるのではない。現実と化した歴史にはもはや目的〔＝終わり〕などないのだ。マルクスは、偶然に到来するものを前にしたヘーゲルの分離された立場、そして、どのようなものであれ外部の最高作因〔agent suprême〕というものへの凝視〔＝観想〕を崩壊させた。理論は、もはや己れの行うことだけを認識すればよい。現代の社会に支配的な思考のなかで経済の運動を凝視することは、それとは逆に、ヘーゲルの円環システムの試みから非‐弁証法の側が受け取った転倒されざる遺産なのである。それは、概念的次元を喪失した称讃であり、自己を正当化するためにもはやヘーゲル主義を必要としない称讃である。というのは、讃えるべき運動はもはや、世界についての思考を欠き、その機械的な発展が実際にすべてを支配するような一部門でしかないからだ。マルクスの企図は意識的な歴史の企図である。単に経済的なだけの生産力の見境のない発展のなかで生じる量的なものは、歴史的な質的所有に変えられなければならない。経済学批判は、この前史の終わりを記す第一幕である。「あらゆる生産用具のうちで、最大の生産力は、革命的階級そのものである[5]」。

81

マルクスの理論を科学的思考に密接に結びつけているものは、社会のなかで現実に作用している諸力を合理的に理解する態度だ。だが、マルクスの理論は本質的に科学的思考の一つの彼岸であり、そこでは科学的思考は乗り越えられたものとして保存されているにすぎない。闘争を理解することが大切なのであって、いかなる意味でも法則を理解するのではない。「われわれはただ一つの科学しか知らない。歴史という科学だ」と、『ドイツ・イデオロギー』は言っている[6]。

82

歴史を科学的に基礎づけようと望むブルジョワジーの時代は、融通無碍なこの学自体が歴史的にはむしろ経済によって築かれたはずであることを無視する。その逆に、歴史が科学的知識に根本的に依存するのは、単に経済史に限ってのことでしかない。経済そのもののなかで歴史が占める地位——経済自体の基礎にある科学的所与を変更する包括的過程——は、科学的観察という観点によってどれほど無視されてきたことだろう。危機の正確な周期性を確定したと思い込んでいた社会主義者の計算の空しさが示しているのはこのことだ。彼らは、国家の恒常的な介入が危機的傾向を産む効果を帳消しにするようになってからも、まったく同じ考え方で、このバランスのなかに決定的な経済的調和を見るようになったのだ。経済を乗り越えようとする企図、歴史を所有しようとする企図は、社会の科学を知り、社会の科学を自らに帰さねばならないとしても、それ自体は決して科学的ではありえない。科学的知識によって現在の歴史を支配していると思っているこの最後の運動においても、革命的観点は依然としてブルジョワ的なままだったのである。

83

社会主義のユートピア的諸潮流は、歴史的にはいかに既存の社会組織の批判にもとづいたものであっても、やはりユートピア的と呼ぶにふさわしい。ただしそれは、彼らが、歴史——すなわち、現に行われている現実の闘争と、幸福な社会についての彼らの不変で完成されたイメージを超えたところに流れている時間の運動——を拒むという限りにおいてであって、彼らが科学を拒むからなのではない。それどころかユートピア思想家は逆に、前世紀に隆盛を極めたような科学的思考に完全に支配されている。彼らは、この一般的な合理的システムの完成をめざしているのであって、いかなる意味でも自分を無力な予言者などとは思っていない。なぜなら、彼らは科学的論拠の上に作られた社会権力を信じているからであり、サン＝シモン主義の場合にいたっては、科学による権力奪取をすら信じているからである。「証明されているはずのものを、どうして彼らは闘争によって奪い取りたいと思うのか」と、ゾンバルト(7)は言っている。しかしながら、ユートピア主義者らの科学観は、現実に存在する一つの状況のなかに、さまざまな社会集団がさまざまな利害を持ち、その状況を維持するためのさまざまな力や、さらにまたそれぞれの立場に応じたさまざまな形態の虚偽意識を持っているということを認識するにはいたらない。したがって、科学そのものの発展が、そうした多様な要因から生じた社会的需要――それは、認められることだけでなく、追求されうることまでも選択する――によって大きく方向づけられてしまっているにもかかわらず、彼らの科学観は、その歴史的現実のはるか手前にとどまっているのである。依然として科学的真理の提示様式にとらわれているユートピア的社会主義者は、はるか以前の段階の社会が真理を認める際に示したように、この真理を純粋な抽象的イメージに従って理解する。ソレル(8)が指摘していたように、ユートピア主義者が社会の法則を発見し、証明したと思っているのは、天文学のモデルに従ってのことである。彼らがめざした調和は歴史に敵対するものであるが、それは最も歴史に依存しない科学を社会に適用しようとする試みから生まれるのである。この科学が、ニュートン学説と同じ経験的無邪気さをもって自己の認知に努め、常に公準化されている幸福な運命が、「彼らの社会科学においては、理論力学における活動停止状態に帰すことのできる役割と同じ役割を果たしている」(『プロレタリアートの理論のための資料』)のである。

84

マルクスの思想のなかの科学的‐決定論的側面はまさに一種の裂け目であって、そこを通って「イデオロギー化」の過程が入り込んだ。それは、彼の生前に生じたことなので、それだけにいっそう大きな理論的遺産として労働運動に遺されたのである。歴史の主体の到来はまだずっと後に延期されており、経済学というすぐれて歴史的な科学は、将来におけるそれ自身の否定の必然性をますます大きく保証する傾向にある。だが、そこにおいて、理論的視野の外に押しやられているものは、この否定の唯一の真理である革命的実践なのである。それゆえ、重要なのは、経済の発展を忍耐強く研究し、今なおその苦痛をヘーゲル的平静さをもって認めることである。それは、結果として、「善意の墓場」にとどまるのである。いまや、革命の科学に従うと、意識の到来は常に早すぎる、それゆえ意識は教育されねばならなくなるだろう、ということが発見された。「歴史は、われわれおよびわれわれと同じように考えたすべての人々の考えを誤りとした。歴史は、大陸における経済発達の水準が当時まだとうてい（……）成熟していなかったことを明白にした」と、一八九五年にエンゲルスは言っている(9)。マルクスは、生涯を通して彼の理論の統一的観点を守り続けた。だが、彼の理論の論述は支配的思想の分野に向けられ、特殊な専門分野の批判、主に、経済学というブルジョワ社会の基礎的科学の批判というかたちで精密化していった。この欠落こそが、後に決定的なものとして受け取られ、「マルクス主義」となったのである。

85

マルクスの理論の欠陥は、当然のことながら、彼の時代のプロレタリアートの革命的闘争の欠陥である。労働者階級は一八四八年のドイツで永続革命を宣言しなかった。パリ・コミューンは孤立したまま敗北させられた。革命の理論は、したがって、まだ完全な実現を見ていない。〔マルクスが〕大英博物館での分離された知的作業のなかで革命の理論を擁護し、詳述せざるをえなかったということは、その理論自体の一つの敗北を意味していた。将来の労働者階級の発展について引き出された科学的正当化、それらの正当化と組み合わさった組織実践、まさにこれらのものこそが、より進んだ段階のプロレタリアートの意識にとっての障害となるだろう。

86 プロレタリア革命の科学的擁護の理論的不十分性はすべて、その論述の内容においても形式においても、結局のところ、権力の革命的奪取という観点からプロレタリアートをブルジョワジーと同一視することに帰着するだろう。

87 過去に繰り返し行われた実験を援用して、プロレタリアートの権力の科学的合法性を証明しようとする傾向は、『宣言』以来、マルクスの歴史的思考を曇らせてきた。その結果、彼は、生産様式の発展は階級闘争によって導かれるが、常にそのたびに「社会全体の革命的改造か闘争関係にある両階級の共倒れ[10]」となって終わるだろう、という生産様式の発展の単線的イメージを持ち続けることになったのである。だが、歴史のなかに観察しうる現実においては、マルクスも別のところで確認していたように、「アジア的生産様式」はあらゆる階級衝突にもかかわらずその停滞性を保持し、同様に農奴の一揆は決して男爵を打ち負かすことはできず、古代の奴隷反乱も自由民に勝てなかった。単線的図式は、まず何より、ブルジョワジーはかつて勝利した唯一の革命的階級であり、同時にそれは経済発展を自らの社会支配の原因と結果として用いた唯一の革命的階級であるという事実を見逃しているのだ。同じような単純化のせいで、マルクスは、階級社会の管理において国家が果たす経済的役割を無視することになった。上昇期にあるブルジョワジーが国家から経済を解放したように見えたとしても、それは、静的な経済において古い国家が階級抑圧の道具と混同されていたという限りでのことにすぎない。ブルジョワジーは、国家が弱体化した中世に、権力が封建領主の間に細分化されて平衡を保っていた時期に、自律的な経済力を発達させたのである。だが、重商主義によってブルジョワジーの発展の支援を開始し、「自由放任《レッセ・フェール》、自由通過《レッセ・パセ》」の時代についにブルジョワジーの国家となった現代の国家は、今後、経済プロセスの計算的管理において中心的な力を持つものとなることが明らかになるだろう。しかし、マルクスは、ボナパルティスムのなかに、資本と国家との融合と「労働に対する資本の国民権力、社会的隷属のために組織された警察力」の政体の上に成り立つこの現代の国家的官僚主義を既に素描していた。そこでは、ブルジョワジーは自分たちをモノの経済史に還元しないようないっさいの歴史的生を放棄し、「他の階級と同じ政治的虚無を宣告されること」を自ら進んで願い出る。ここに既に、プロレタリアートを歴史的な生をめざす唯一の候補としてネガティヴなかたちで定義する、現代のスペクタクルの社会-政治的基礎が認められるのである。

88

マルクスの理論に実際に対応するただ二つの階級、『資本論』の分析のすべてが導かれる二つの純粋な階級であるブルジョワジーとプロレタリアートは、歴史上ただ二つの革命的階級でもある。ただし、それぞれ異なる条件でだ。ブルジョワ革命はすでに成し遂げられたのに対して、プロレタリア革命は一つの企図にすぎない。それは先行する革命にもとづいて生まれたが、質的にまったく異なるものなのだ。ブルジョワジーの歴史的役割の独自性を無視することによって、プロレタリアートの企図の具体的な独自性が隠蔽されている。この企図とは、プロレタリアート自身の特色を示し、「プロレタリアートの任務の測り知れない大きさ」を認識することなしには、何一つ達成できない企図なのである。ブルジョワジーが権力に就いたのは、彼らが発展する経済を持つ階級だったからである。プロレタリアートは、意識の階級となることによってしか自ら権力になりえない。生産力の成熟は、それによって惹き起こされる非所有の増大という遠回しの手段によったとしても、そのような権力を決して保証しない。ジャコバン派的な国家奪取も、決してプロレタリアートの手段ではない。プロレタリアートにとっては、いかなるイデオロギーも部分的目的を一般的目的に偽装する役には立たない。なぜなら、プロレタリアートは、実際に彼らのものであるいかなる部分的現実も保持しえないからである。

89 マルクスがプロレタリアートの闘争に参加したごく限られた時期に、科学的予測にあまりにも多くを期待したため、さまざまな経済主義的幻想に対する知的根拠を産み出すにいたったとしても、彼自身は、周知のように、個人的にはそれに屈しはしなかった。一八六七年十二月七日付の有名な手紙に、マルクス自身が『資本論』を批判した件がある。これをエンゲルスはあたかも論敵から出されたものであるかのようにして出版社に流さねばならなかったが、そのなかで、マルクスは自分の科学の限界をはっきりと述べている――「(……)著者の主観的な傾向(おそらく彼の政治的立場と彼の過去によって強いられていた)、つまり現在の運動と現在の社会的過程の最終的結果を彼が自分や他人に対して示すやり方は、彼が行う現実の分析と何の関係もない」[11]。このようにマルクスは、彼の客観的分析の「偏向した結論」を自ら断罪し、彼に強く求められていたと思われる科学以外の選択に関して付けられた「おそらく」という皮肉を表す言葉によって、二つの側面を融合する方法論的手懸りを同時に示しているのである。

90 歴史的な闘争のなかでこそ、認識と行動との融合を実現し、これらの二項が、互いに相手のうちに自らの真理を保証するものを持つようにせねばならない。プロレタリア階級の主体形成とは、革命的闘争の組織化と革命的瞬間のなかでの社会の組織化である。そこにこそ、意識の実践的条件が存在するはずであり、この条件の下で、実践《プラクシス》の理論は強固に打ち鍛えられ実践的理論となる。しかしながら、組織化という中心的問題は、労働運動が築かれつつあった時代、つまり革命理論が歴史の思考から生まれた統一的性格をまだ持っていた（そしてそれが統一的な歴史的実践にまで発展する任務を自らに与えていた）時期に、その革命理論が最も考察を怠ったものであったのだ。それどころか逆に、組織化の問題こそ、この理論が最も一貫しない場であり、それに関しては、ブルジョワ革命から借りた国家と位階制の応用法を焼き直して受け入れているありさまだ。このような理論の断念の上に発展した労働運動の組織形態は、逆に統一的理論を保持することを禁じ、それを専門化され断片化されたさまざまな知識に解消するようになっていった。このようにイデオロギー的に疎外された理論は、労働者の自主的な闘争のなかに、自らが裏切ってきた歴史に対する統一的な思考を実践的に証明するものが生じた時にも、もはやそれを認めることはできない。それは、そうした歴史の思考の発現と記憶とを抑えつけることに尽力するのみである。しかしながら、闘争のなかに現れたこれらの歴史的形態は、まさに理論が正しい理論たらんとするために理論にとって欠けていた実践的環境なのである。それらの歴史的形態は理論によって要請されたものだが、その理論というのは理論的に定式化されたことがなかったのである。ソヴェトは理論によって発見されたものではなかった。そしてまた、それ以前に既に、国際労働者協会〔＝インターナショナル〕の最も崇高な理論的真理とは、それ自体が実践的に存在することであったのだ。

91

インターナショナルの闘争の初期の成功の結果、インターナショナルは、その内部にまだ残存していた支配的イデオロギーの混乱した影響力から解放された。だが、やがてそれが遭遇した敗北と弾圧から、プロレタリア革命についての二つの理解の仕方の間での衝突が浮上してきた。どちらの側にも権威主義的な面があり、[12]それによって、階級の意識的な自己解放は放棄される。事実、マルクス主義者とバクーニン主義者との間の和解不可能となった抗争は二重であって、革命社会における権力と現在の運動組織との両方に関わるものであった。そして、これら二つの側面の一方から他方に移ると、両陣営の立場は逆転するのである。バクーニンは、国家権力の権威主義的使用によって階級が廃絶できるという幻想を攻撃し、官僚主義的支配階級の復活と、最大の知識を持つ者、あるいはそう見なされる者による独裁を予測した。マルクスは、経済的矛盾と労働者の民主主義教育とがともに不可分なやり方で成熟する結果、プロレタリア国家の役割は客観的に不可避な新たな社会関係を単に調整する立法の次元に還元されると信じ、バクーニンと彼の信奉者に見られるエリート陰謀家の権威主義を断罪した。彼らは、故意にインターナショナルを超えたところに身を置き、最も革命的な者たち、あるいはそう自称する者たちによる無責任な独裁を社会に対してむりやり受け入れさせるという常識外れの陰謀を企てていたのだ。バクーニンは実際にそのような展望の上に自分の信奉者を募っていた――「人民の嵐のただ中の眼に見えぬ水先案内人であるわれわれは、彼らを導かなければならない。これ見よがしな権力によってではなく、すべての同盟者の集団的独裁によって。それは、党派も、称号も、正式の法も持たない独裁だが、いかなる権力の外観も示さないだけにいっそう力強い独裁なのだ」。このように労働者の革命に関して二つのイデオロギーが対立していた。それらはそれぞれ部分的に正しい批判を含んでいたが、ともに歴史の思考の統一性を失い、自らをイデオロギー的権威に仕立て上げようとしていたのだ。ドイツ社会民主党やイベリア・アナキスト連盟のような強力な組織がいくつも、これらのイデオロギーのどちらかをそっくりそのまま使用した。そして、いたるところで、その結果は望んでいたものとかけ離れたものとなったのである。

92

プロレタリア革命の目標が今ただちに実現されると考えることが、アナキストの現実の闘争の偉大さでもあり、弱点でもある（というのは、個人主義的アナキストのさまざまな変種が唱えるアナキズムの主張は馬鹿気たものであり続けているからだ）。集団主義的アナキズムは、現代の階級闘争の歴史的思考から、ただ結論だけを取り上げるのであり、彼らがその結論しか求めないことは、方法を故意に無視する彼らの態度にも現れている。それゆえ、政治闘争への彼らの批判は抽象的なものにとどまり、一方で、経済闘争の選択を彼らが肯定するのも、ゼネストあるいは蜂起の時に、この領域については一挙に奪い取ることのできる決定的解決策があるという幻想によってでしかないのである。アナキストは一つの理想を実現しなければならない。アナキズムとは、国家と階級の、すなわち分離されたイデオロギーの社会的諸条件そのものの、いまだにイデオロギー的な否定である。純粋な自由というイデオロギーこそが、すべてを平準化し、歴史の悪という考えをすべて退けるのである。あらゆる部分的要求を一つに融合させるその観点によって、アナキズムには、特権化された批判の専門化をめぐってではなく、生の総体のために現状を拒否する役割を演じるという利点があった。だがこの融合は、個人の気まぐれに応じて、絶対のなかにおいて考えられたものなので、実際に現実化する以前に、あまりに容易に認めうるアナキズムの支離滅裂さを断罪する原因ともなった。アナキズムはどの闘争でも同じことを言い、同じ単純な全体的結論を繰り返し提出するだけだ。なぜなら、はじめから、この最初の結論と運動の完全な帰結とは同じものだったからである。だから、バクーニンは、一八七三年、ジュラ地方連盟を去る時に、こう書きえたのだ――「この九年間に、インターナショナルの内部で、思想だけが世界を救うことができるとしても、そのための思想はもう必要はないだろうという考えがますます多く生まれてきた。私も、誰であれ、新しい思想を発明できるとは思わない。時代はもはや思想のものではなく、事実と行為のものなのだ」。確かに、この考え方のなかには、プロレタリアートの歴史的思考について、思想は実践にならなければならないという確信がまだ残っている。だが、その実践への移行に適した形態は既に見つかっており、これからももう変わらないだろうと考えることによって、その確信は歴史の領域を立ち去ってしまっているのである。

93

自らのイデオロギー的信念によって労働運動全体から自分たちを明確に区別するアナキストは、アナキストどうしの間でも権限の分離を再生産し、いかなるアナキスト組織に対しても非公式な支配に好都合な領域を作り出す。アナキスト自身のイデオロギーのプロパガンダ部隊や防衛隊などというものは、その知的活動が主にいくつかの決定的真理を繰り返すことにあるだけに、概して、いっそう凡庸な専門家である。決定において満場一致をイデオロギー的に尊重する結果として、むしろ、組織自体のなかでも、自由の専門家の歯止めの利かない権威が助長された。そして革命的アナキズムは、解放された人民にも同様の満場一致を期待し、同じ手段でそれを手に入れるのである。さらに、実際の闘争のなかで集団を形成した少数派と自由な個人の結社との間の条件の対立を考慮しないアナキストのやり方は、共同の決定の瞬間に常に彼らが分離するという事態を生んできた。それは、スペインでの数限りないアナキストの蜂起が、地域的レヴェルに限定され、鎮圧された例からも明らかである。

94

真のアナキズムのうちに多かれ少なかれ明確に含まれている幻想は、革命が常に切迫しているという幻想である。この革命が、瞬時に達成されるという理由で、イデオロギーと、そのイデオロギーから派生した実践的組織様式とを正当化するというわけである。アナキズムは実際に、一九三六年に、社会革命を指導し、プロレタリアート権力のかつてなく進んだ素描を行った。この情勢においてもなお、一方では、総蜂起の合図が軍隊の抗命宣言《プロヌンシアミエント》によって命じられていた、ということを指摘せねばならない。他方で、フランコ派の権力が国土の半分に存在し、外国から強い支援を得ていたのに対して、スペイン以外の残りの国際的プロレタリアートの運動は既に敗北していたこと、共和国の陣営内にはブルジョワ勢力と他の国家社会主義的労働者政党も生き残っていたことが原因で、この革命は初期の段階には完全に達成されはしなかった。その限りで、組織的なアナキストの運動には革命の半分の勝利を拡大することも、単にそれを防衛することさえもできないということが明らかになった。彼らの著名な指導者たちはブルジョワ国家の大臣となり、その人質となって、その国家が革命を破壊し、内戦に敗北したのである。

95

第二インターナショナルの「正統派マルクス主義」は、社会主義革命の科学的イデオロギーである。それは、経済プロセスが客観的であることと、その必然性の認識が組織に教育された労働者階級のなかで前進することが、己れの真理のすべてであると見なす。このイデオロギーはユートピア的社会主義を特徴づけていた教育的証明に信を置くが、その証明は歴史の流れのなかに凝視の対象物を持つのである。しかしながら、そのような態度も、全体的な歴史というヘーゲル的次元を失っただけでなく、ユートピア主義者の行う批判のなかに存在した全体性についての確固たるイメージ（最も度合の進んだものとしては、フーリエに見られる）をも失ってしまった。その結果として、そのような科学的態度は倫理的選択を逆に投げ返すしか能がなくなり、そこから、ヒルファーディング[13]の下らぬおしゃべりが生まれたのである。彼は、まさにこう書いている。社会主義の必然性を認識することが、そのまま「採るべき実践的態度を決定することにはならない。必然性を認識することと、その必然性を実行に移すこととは、それぞれ別のことであるからだ」（『金融資本論』[14]）。歴史についての統一的な思考は、マルクスにとっても革命的プロレタリアートにとっても、採るべき実践的態度以外の何ものでもなかった、ということを無視した者らは当然、彼ら全員が同時に採用した実践の犠牲者となるほかはなかったのである。

96

社会民主主義組織のイデオロギーは、その組織を労働者階級の教育にあたる教師の権力の座に就けた。そしてそれが採用した組織形態も、そうした受動的な学習に適した形態だった。第二インターナショナルの社会主義者の政治闘争や経済闘争への参加は、確かに具体的ではあったが、徹底して無批判的なものだった。それは、革命の幻想の名の下に、あからさまに改良主義的な実践に従って進められていたのだ。こうして、革命のイデオロギーは、それを担う者たちの成功そのものによって打ち砕かれるはめになった。代議員やジャーナリストの運動における分離は、ただでさえブルジョワ的インテリのなかから集めてこられていた者たちを、さらにいっそうブルジョワ的な生活様式の方へ導くことになった。組合官僚は労働力のブローカーとなり、産業労働者の闘争から徴用されて闘争から引き離された者たちを、彼らの適正価格で商品のようにして売り払った。彼らの活動が万人に対して何らかの革命的な側面を保持するためには、合法的な騒動として資本主義に政治的に許容された改良主義的運動が、ちょうどよい時期に、資本主義にとって経済的に耐え難いものとなる必要があったのだろう。彼らの科学が約束していたものは、その程度の両立不可能性だったのだ。だが、歴史は絶えず、それを打ち消した。

97

ベルンシュタインは、政治イデオロギーに最も縁遠く、ブルジョワ科学の方法論を最も素直に受け入れた社会民主主義者であったがゆえに、正直にもこの矛盾の示す現実を明らかにしようとした——そしてイギリスの改良主義的労働運動もまた、それ以前に、革命イデオロギーなしで、それを明らかにしていた——が、これが反駁の余地なくはっきりと証明されるには、歴史の発展そのものを待たねばならなかった。ベルンシュタインは、他の点でどれほど幻想を抱いていたとしても、合法的な儀式によってしか革命を継承しようとしない社会主義者も、資本主義的生産の危機によって、まるで奇跡のように立ち上がるだろうということは否定していた。第一次世界大戦とともに生じた深い社会変動の時期は、意識化という点では実り多いものではあったが、社会民主主義の位階制《ヒエラルキー》は、ドイツの労働者を革命的に教育することはできず、いかなる点においても理論家を産み出すことはできなかった。それは二度にわたって証明された。まず、党の大多数が帝国主義戦争に賛同した時、次に、敗戦期に、彼らがスパルタクス団《ブント》の革命家を壊滅させた時である。元労働者のエーベルト(15)は、革命を「罪と同様に」憎んでいることを公言していたが、ということはつまり、彼は、いまだに罪というものを信じていたのである。この同じ指導者は、この新たな疎外の厳格な綱領を、「社会主義とは、よく働くということを意味する」という言葉で言い表すことによって、すぐ後にロシアと他の国々のプロレタリアートに対して絶対的な敵として反対することになる社会主義者代表団の優れた先駆者だということを暴露した。

98

レーニンは、マルクス主義思想家としては、一貫して忠実なカウツキー主義者であった。彼は、ロシアの状況のなかに、すなわち第二インターナショナルが他のところで行っていた改良主義的実践を許容しない状況のなかに、「正統派マルクス主義」の革命イデオロギーを適用したのである。よく訓練された非合法党という手段で行動し、「職業革命家」と化したインテリの支配に服した、外からのプロレタリアートの指導は、ここでは、資本主義社会の他のいかなる指導的職業とも妥協しようとしない一つの職業となった（もっとも、ツァーリズムの政治体制は、ブルジョワ権力の進んだ段階に基礎を置くそのような道を提供することはできなかったが）。それゆえ、それは、社会に対する絶対的指導を行う職業となったのである。

99

ボリシェヴィキの権威主義的なイデオロギーのラディカリズムは、戦争と同時に、そして戦争を前にした社会民主主義の崩壊によって、世界的規模で展開された。民主主義的労働運動という幻想の血まみれの終結は、すでに全世界を一つのロシアと化していた。そしてボリシェヴィズムは、この危機の時代が惹き起こした最初の革命的大変動を領導することによって、万国のプロレタリアートに対し位階的でイデオロギー的なそのモデルを提供し、支配階級に対しては「ロシア語で話す」ように仕向けた。レーニンが第二インターナショナルのマルクス主義を非難したのは、それが革命のイデオロギーであるからではなく、そうであることをやめたからなのである。

100

ボリシェヴィズムがロシアで独力で勝利し、社会民主主義が旧世界のために闘って勝利を収めた、この同一の歴史的瞬間は、現代のスペクタクルの支配の中心にあるモノの秩序が完全に誕生した瞬間でもある。この時、労働者の代表（＝表象）が階級と根底的に対立したのである。

101

ローザ・ルクセンブルク[16]は、一九一八年十二月二十一日の『赤旗《ローテ・ファーネ》』にこう書いている。「これまでのあらゆる革命においては、闘争する者どうしは、階級対階級、綱領対綱領というかたちで、堂々とぶつかっていた。現在の革命では、旧体制の防衛部隊は、指導階級の看板を掲げて介入するのではなく、『社会民主党』の旗の下に介入してくる。革命の中心的問題が、資本主義か社会主義かというかたちで、包み隠さず正直に提出されるならば、今日、プロレタリアート大衆のなかで、いかなる疑問も、いかなる躊躇もありえないだろう」。このように、ドイツのプロレタリアートのラディカルな潮流は、壊滅される数日前に既に、それまでの全過程が作り出した新たな状況（それに対しては労働者の代表〔＝表象〕も大いに貢献していた）の秘密を見抜いていた。その秘密とは、現体制を擁護するためのスペクタクル的組織であり、いかなる「中心的問題」ももはや「包み隠さず正直に」提出されえない外観による社会支配である。この段階で既に、プロレタリアートの革命的代表〔＝表象〕は、社会の全面的偽造の主要な要因にして中心的結果となっていたのである。

102

ボリシェヴィキ・モデルに従ったプロレタリアートの組織は、それ自体ロシアの後進性と革命的闘争を前にした先進国労働運動の責任放棄とから生まれたものである。前者のなかでそれは、その組織形態を反革命的に転覆しようとするあらゆる状況に遭遇した。だが実は、この反革命的転覆は、その組織形態のなかに当初から萌芽的な形で無意識裡に存在していたのである。そして、一九一八年から一九二〇年にかけての時期の、「ここがロドス島だ、ここで跳べ」という状況を前にした、ヨーロッパの労働運動を担う大衆の幾度もの責任放棄、自分たちのなかのラディカルな少数派を暴力的に破壊することまで行った責任放棄のせいで、この転覆のプロセスは完全に展開されるにいたり、欺瞞的な結果がプロレタリアートの唯一の解決策として全世界の前に明確に示されたのである。労働者権力の代表〔＝表象〕とその防衛を国家が独占的に掌握すること、このことがボリシェヴィキの党を正当化したが、それは、その党をその党本来の姿、つまりプロレタリアートを所有する者たちの党にしてしまい、以前の所有形態を本質的に除去したのである。

103

ロシアのさまざまな社会民主主義潮流の間での二十年にわたる常に不十分な理論的論争のなかで考察されてきた、ツァーリズムの清算についてのあらゆる条件——ブルジョワジーの弱体性、多数派を占める農民の重圧、集中され戦闘的であるが国内ではまだ極端に少数派であるプロレタリアートの決定的な役割——は、結局、仮説のうちには存在していなかった一つの事実を通して、実践のなかで解決を見ることになった。その事実とは、プロレタリアートを指導する革命的官僚主義が、国家を奪取し、社会に対して新しい階級支配を行ったということである。厳密な意味でのブルジョワ革命は不可能だった。「労働者と農民による民主的独裁」は意味をなさなかった。土地を所有した農民階級、国内的、国際的な反革命、経済の領域でも表現の領域でも、そしてやがては思想の領域においてまで国家の絶対的支配者たちによって形成された労働者党へと外在化され疎外されていったプロレタリアート自身の代理表象――これらのものに同時に抗してしか、ソヴェトのプロレタリアート権力は維持されえなかったのである。トロツキーとパルヴスの永久革命理論[17]――一九一七年四月には実質的にレーニンも賛同していた――は、ブルジョワジーの社会的発展という点で遅れた国々にとって唯一の真理となるべき理論であったが、それは官僚主義の階級権力というそれまで知られていなかった要因が導入された後になってのことにすぎない。イデオロギーを最高度に代表する者たちの手中への独裁の集中こそ、レーニンがボリシェヴィキの指導部の数々の衝突のなかで最も一貫して守ったものである。少数派の絶対的権力がそれまでに行った〔政治的〕選択のなかに含まれていた解決策を支持したという点で、レーニンは、論争のたびに、その論争相手を打ち負かした。だが、国家的レヴェルで農民に対して拒まれていた民主主義は、労働者にも拒まれねばならず、その結果、組合の共産主義的指導者にも、党全体に対しても、そして最後には位階的な党の上層部に対してまでも、民主主義は拒まれることになったのである。クロンシュタットのソヴェトが赤軍に倒され、中傷のなかに葬り去られた時期に行われた第十回党大会[18]で、レーニンは「労働者反対派[19]」へと組織された左翼急進主義の官僚らに対し、後にスターリンが完全な世界分割の論理にまで拡大することとなる次のような結論を述べた。「どこであろうと、いまや銃をもって闘うべき時であり、反対派にかかずらっている時ではない。（……）反対派はもうたくさんだ[20]」。

104

国家資本主義の唯一の所有者となった官僚主義は、クロンシュタットの反乱の後、「新経済政策《ネップ》」の時期に、まず最初に、農民階層と一時的に同盟を結ぶことによって国内の権力を固め、国外では、第三インターナショナルの官僚主義諸党派にロシア外交の支援勢力として加入させられた労働者を使って自らの権力を守り、いっさいの革命運動をサボタージュし、国際政治で彼らが支持を当てにしているブルジョワ的政府（一九二五―二七年の中国の国民党権力、スペインとフランスの人民戦線など）を支援したのである。だが官僚主義社会は、歴史上最も乱暴な資本の本源的蓄積を実現するために、農民階層に対して恐怖政治を行使することによってその完成を追求せねばならなくなった。スターリン時代の工業化は、官僚主義の最後の現実を暴露している。それは、経済権力の継続であり、商品としての労働を維持する商品社会の本質の救済だったのである。それは、独立した経済の証拠であり、この独立した経済こそが社会を支配し、社会にとって必要な階級支配を社会自身の目的として再び産み出すにいたるのである。このことはつまり、ブルジョワジーは自律的な力を作り出し、この自律性が存続する限り、その力はブルジョワジーなしですませることすらできるのだということを意味している。全体主義的官僚主義は、ブルーノ・リッツィ[21]の言う意味での「歴史上最後の所有階級」ではなく、単に、商品経済のための代替支配階級にすぎないのである。非効率的な資本主義的私的所有は、官僚階級の集団的所有に集中された、より変化に乏しい単純化された副産物に取って代わられたのである。このような支配階級の低次の発展形態は、経済の低開発の表現でもある。そして、そこには世界のいくつかの地域でこの発展の遅れを取り戻すという展望しかない。分離というブルジョワ的モデルに従って組織された労働者の党こそが、支配階級のこの増補版に国家的規模での位階制を備えた枠組を提供したのである。アントン・チリガ[22]はスターリンの監獄のなかでこう書いている。「組織についての技術的な問題は社会の問題であることが明らかになった」(『レーニンと革命』)。

105

分離の一貫性という革命イデオロギーは、そのイデオロギーを阻む現実を管理しようとするレーニン主義にその最も高度な主意主義的努力の例を見出すが、スターリニズムとともに、一貫性のない真理に再び戻ることになる。その時に、イデオロギーはもはや武器ではなく、一つの目的と化してしまう。もはや異議を唱えられることもない嘘が常軌を逸した威力をふるう。現実も目的も、同じように全体主義的なイデオロギーの主張のなかに解消される。それが言うことのすべてが、存在するすべてである。それは稚拙な地域的スペクタクルであるが、その役割は世界的スペクタクルの発展において本質的なものである。ここで物質化されたイデオロギーは、供給過剰の段階に到達した資本主義のように、世界を経済的に変化させはしなかった。ただ、それは知覚を警察的に変化させたのである。

106

権力を握った全体主義イデオロギー階級は、逆転した世界の権力である。この階級は、自分が強力であればあるほど、それだけ強く自分が存在しないと主張する。その力は、何よりもまず、自分の非‐在を主張するために使われるのである。この階級はこの点についてだけは慎ましい。というのも、それが公式に存在しなくなるのは、歴史的発展が極限に達する時であるが、その極限状態というものは、同時にこの階級の絶対に誤ることのない指導から生じるからである。いたるところに広がった官僚主義は、意識にとって見えない階級でなくてはならない。その結果、社会生活全体が狂気じみたものとなる。絶対的な嘘による社会組織は、このような根本的な矛盾から生じるのである。

107

スターリニズムとは、官僚階級そのもののなかでの恐怖による支配であった。この階級の権力を基礎づけるテロリズムは、その階級自体をも襲わずにはいない。というのも、官僚階級は、己れの階級の構成員の一人一人に拡大できるような、いかなる法的保証も持っていないし、有産階級として認められるいかなる存在も持っていないからである。彼らの現実の財産は隠されていて、彼らは虚偽意識を通してはじめて有産者となったのである。虚偽意識は、絶対的な恐怖によってしか自己の絶対的権力を維持しえないが、この恐怖のなかでは、真の動機もすべて最終的には消え失せてしまう。権力を握った官僚階級の構成員は、集団的にしか、すなわち自らも根本的な嘘に参加する者としてしか、社会に対する所有権を持たない。彼らは社会主義社会を指導するプロレタリアートの役割を演じなければならず、背信のイデオロギーが書かれた台本に忠実な役者であり続けねばならないのである。だが、この嘘の存在への実質的な参加は、それ自体、真の参加と見なされねばならない。いかなる官僚も、個人的には、自分に権力を持つ権利があることを自ら主張できない。なぜなら、自分が社会主義的プロレタリアートであることを証明するには、自分が官僚とは逆の者であることを明らかにせねばならないが、官僚主義の公式の真理は官僚が存在しないということである以上、自分が官僚であることを証明することも不可能だからだ。こうして、官僚はそれぞれ、イデオロギーの中心的な保証に絶対的に依存した状態にある。このイデオロギーによって、官僚は決して消滅させられずに、全員が、その「社会主義的権力」に集団で参加することを認められるのである。総体として見た官僚がすべてを決するのだとすれば、彼ら自身の階級のまとまりは、彼らの恐怖政治的権力を唯一の人物に集中することによってしか保証されない。この人物のなかに、権力を握った嘘の持つ唯一の実践的真理——常に修正される真理の境界を議論の余地なく決定すること——が宿っているのである。スターリンは誰が最終的に有産官僚であるか、すなわち、「権力に就いたプロレタリアート」と呼ばれるべき者は誰で、「ミカドとウォール・ストリートに買収された裏切り者」は誰なのかという問題にきっぱりと決着をつける。官僚主義の原子《アトム》らは、自分たちの権利に共通の本質をスターリンという人物のなかにしか見出せないのである。スターリンは、そのようなやり方で、自らが絶対的な人物であることを知っているこの世界の主であり、この人物の意識にとっては、自分以上の精神は存在しない。「この世界の主は、自分に対抗する臣下の〈自己〉に対して破壊的暴力をふるっている最中に、自分が何であるか——現実の普遍的権力である——を現実に意識している」[23]。それは支配領域を画定する力であると同時に、「その領域を破壊する力」でもあるのだ。

絶対的権力を持つことで絶対的となったイデオロギーが、細分化された認識から全体主義的嘘に変化した時、歴史の思考はあまりに完全に無化されたため、どれほど経験論的な認識のレヴェルでも、歴史そのものがもはや存在しえなくなる。全体主義的な官僚主義の社会は永遠の現在のなかに生きており、そこで起きたことはすべて、その社会にとって、警察が自由に入り込める空間のようにしてしか存在しなくなる。かつてナポレオンが述べた「思い出のエネルギーを王政の方向に差し向ける」という企図は、意味においてだけではなく、事実においても過去を恒常的に操作することにおいて、完全に具体化された。だが、あらゆる歴史的現実から解き放たれようとするこの試みの代価は、資本主義の歴史的社会に不可欠な合理的指向対象を失うことによって支払われる。たとえルイセンコの詐欺(24)によるものにすぎなかったとしても、狂気と化したイデオロギーを科学的に適用することがロシアの経済に払わせた犠牲がどれほどのものであったかは周知の事実だ。工業化社会を管理する全体主義的な官僚主義が合理的なものを要求すると同時にそれを拒否するという矛盾は、その社会での正常な資本主義の発達という点でも主要な欠陥の一つとなっている。資本主義と同じく官僚主義には農業問題は解決できないが、同様に非現実主義と一般化された嘘にもとづいて権威主義的に計画化された工業生産においても、結局のところ、官僚主義は資本主義に劣るのである。

109

革命的労働運動は、二つの大戦の間に、スターリンの官僚主義とファシズムの全体主義との共同行動によって壊滅させられたが、このファシズムの全体主義は、ロシアで経験を積んだ全体主義的政党からその組織形態を借りてきていたのた。ファシズムとは、危機とプロレタリアートの転覆の脅威にさらされたブルジョワ経済の過激な防衛策であり、資本主義社会での戒厳令である。それによってこの社会は自らを救い、社会の管理に国家を大規模に介入させることによって、自らに対して当座の緊急的合理化を行うのである。だが、そのような合理化は、それ自体、その手段の途方もない非合理性に押しつぶされてしまう。ファシズムが、危機におびえ社会主義革命の無能さに失望したプチ・ブルジョワや失業者を統合することで、保守化したブルジョワ・イデオロギーの主な要素（家族、財産、道徳秩序、国民）の防衛に向かうとしても、ファシズム自体は本質的にイデオロギー的なものなのではない。それは、自らをその本来の姿、つまり神話の暴力的な復活であると思わせ、それによって、人種、血統、首長といったアルカイックな擬似的価値によって定義された共同体への参加を要請するのである。ファシズムとは技術的装備をこらしたアルカイスムである。解体した神話的代用品が、この上なく現代的な大衆操作と幻想の手段であるスペクタクルの文脈のなかで再び取り上げられるのである。こうして、ファシズムは、現代のスペクタクルを形成する一要因となると同時に、古い労働運動を破壊するのにそれが果した役割によって、現在の社会を基礎づける力の一つともなっている。しかしまた、ファシズムは資本主義体制を維持するのに最も費用のかかる形態でもあるため、ふつうは、この体制のより合理的でより強力な形態によって除去され、資本主義国家の大役者たちが占める舞台の前面から去らねばならなかったのである。[110]

ロシアの官僚主義が、ついに、経済に対する自分たちの支配を妨害していたブルジョワ的財産の痕跡を消し去り、自らの使用に供するよう経済を発展させ、外部から超大国の一つであると認識されるようになると、今度はそれは、自分たちの世界を静かに享受し、自らの上にのしかかっていたあの恣意的な部分を自分のなかから取り除きたいと思うようになる。つまり、その起源にあったスターリニズムを告発するのである。しかし、そのような告発も依然としてスターリン的で、恣意的で、説明不可能なものにとどまり、たえず訂正しなければならなかった。なぜなら、その起源にあるイデオロギーの嘘だけは決して暴かれないからである。したがって、官僚主義は文化的にも政治的にも自由化されえない。階級としてのその存在はイデオロギーの独占に依存しており、それこそが、官僚主義のあらゆる重苦しさのなかで唯一の財産資格だからだ。確かにイデオロギーは自己を積極的に肯定する情熱を失ったが、それに取って代わった無関心で陳腐な態度にもまた、最低限の競争も禁止し、思考の全体性を閉じ込めてしまう抑圧的な働きがあった。官僚主義はこのように、もはや誰も信じていないイデオロギーと結びついているのだ。かつては恐怖を与えるものだったものが、いまや滑稽なものとなり果てた。だが、この滑稽な存在そのものが、自分では厄介払いしたいと思っている恐怖政治を背景に残しておくことによってはじめて維持されるのである。こうして、官僚主義が資本主義の領域に対する自己の優越性を示そうと望むまさにその瞬間に、それは自らが資本主義の貧乏な親戚であることを告白する。官僚主義の実際の歴史がその主張するところと矛盾し、最悪の状態に保たれた官僚主義の無知が科学的というその自負と矛盾するのと同様に、商品生産の豊かさにおいてブルジョワジーと肩を並べようという官僚主義の企図もまた、その豊かさそのもののうちに官僚主義のイデオロギーが暗黙裡に含まれているという事実によって妨害され、その結果、通常は、無限に広がるスペクタクル的な偽の選択の自由、官僚主義のイデオロギーと両立しえない擬似的自由を取りこむのである。

111

このような発展の時期に、官僚主義がイデオロギーを所有する資格は、国際的な規模で既に崩壊してしまっている。本質的に国際主義的なモデルとして国内に建設されていた権力も、もはやその欺瞞的なまとまりを国境の彼方でも維持できるとは主張できなくなったと認めざるをえない。一国レヴェルを超えて、それぞれ自らの「社会主義」を持つことに成功した官僚主義は、互いの利害の競合によって不均衡な経済発展を経験し、その結果、ロシアの嘘と中国の嘘との公開の場での完全な衝突が生じたのである。この瞬間から、政権に就いた官僚主義、あるいは、スターリン時代によっていくつかの国の労働者階級のなかに残された、政権候補者としての全体主義的党派は、それぞれ独自の道を進まねばならなくなった。国の内部での〔体制の〕否定の表出は、官僚に代わる「製鉄工の政府」の要求を打ち出した東ベルリンの労働者の反乱によって、全世界の前にはっきりと姿を現し始め、いったんはハンガリーの労働者評議会政権にまで昇りつめていったが、これに加えて、官僚主義的欺瞞の同盟が全世界で崩壊することになると、それは結局、現在の資本主義社会の発展にとってもこの上なく不都合な要因となる。ブルジョワジーは、現体制を否定するすべてのものを幻想的に統一することで、客観的には自分たちを支えていた敵を失いつつあるのである。そうしたスペクタクル的分業は終わりを見るが、その時には、今度は擬似革命的な役割が分割される。労働運動の解体におけるスペクタクル的要素そのものが、解体されることになるのである。

112

レーニン主義的幻想は、もはやトロツキストの諸潮流以外のところには現実的基盤を持たない。トロツキズムのなかには、プロレタリアートの企図とイデオロギーの位階組織との同一視が、それによって惹き起こされたあらゆる結果を経験した後にも、びくともせずに生き残っている。トロツキズムと今日の社会に対する革命的批判とを隔てる距離のせいで、現実の戦闘において信用をなくした時点で既に誤りが判明したさまざまな立場に対して、トロツキズムは適当な距離を保つことができるのである。トロツキーは一九二七年まで、基本的に高位の官僚主義と連帯していた。それを奪取して、国外に対しても再び実際にボリシェヴィキ的な行動を取らせようと追求していた（この時、有名な「レーニンの遺言」[25]を偽造するのを助けるために、それを漏らした同志マックス・イーストマン[26]を彼が悪しざまに罵りさえしたことは、よく知られている）としても、そのことは変わらない。トロツキーは、彼の基本的展望によって断罪されたのである。なぜなら、官僚主義が国内において、結果として反革命階級と認められる時には、それは国外に対しても、自分のところでと同じように、革命の名を借りて実質的に反革命であることを選択するにちがいないからだ。第四インターナショナルのためのトロツキーの最後の闘争にも、同じように一貫性のなさが認められる。彼は、一生涯を通して、官僚主義のなかに、分離された一階級の権力を認めることを拒み続けたが、それは、彼自身がロシアの第二革命の時期にボリシェヴィキ的組織形態の無条件の信奉者になっていたからである。一九二三年にルカーチは、このボリシェヴィキという組織形態のなかでは、プロレタリアートが自分たちの組織に不意に到来する事件の「観客」であることをやめ、事件を意識的に選び、それを意識的に生きるようになったとして、そこに理論と実践とのついに見出された調停策があると考えていたが、その時、彼はボリシェヴィキの党が実際にはそうではなかったものをすべてボリシェヴィキの党の実際の長所として描いていた。ルカーチもまた、その深い理論的作業は別にして、一人のイデオローグだったのである。彼は、最も卑俗なかたちでプロレタリアートの運動の外にある権力の名において語り、彼自身が、その全人格において、あたかも自分の権力のなかにいるかのように、この権力のなかにいると、自分でも信じ、他人にも信じさせたのである。ことのなりゆきは、この権力がどのようなやり方でその従僕たちを否認し抹殺するかを明確に示していたのに、ルカーチは、自分の前言をたえず否認しながら、彼が正確には何に自己同一化していたかを戯画的なまでに明瞭に示して見せた。それは彼自身とは正反対のもの、彼が『歴史と階級意識』のなかで主張していたこととは正反対のものだったのである。ルカーチという人物は今世紀のすべての知識人を裁く基本原則の最良の証明である。彼らが何に敬意を払うかを知ることによって、彼ら自身の軽蔑すべき現実とはどのようなものかを正確に測ることができるのである。だがレーニンは、自分の活動についてこの種の幻想をかき立てることはほとんどなかった。彼は、「政治党派はそのメンバーを検査して、彼らの哲学と党の方針に矛盾があるかどうかを見ることはできない」と認めていたからだ。ルカーチが筋違いにも夢のような肖像を描いていた現実の党に一貫性があったのは、国家のなかで権力を掌握するという明確で部分的な任務のある時だけだったのである。

現在のトロツキズムの新《ネオ》レーニン主義的幻想――幻想というのは、ブルジョワ的であれ官僚主義的であれ、現代の資本主義社会の現実によってそれが常に否定されているからだが――は、当然のこととして、形式的には独立した「低開発」国にその特権的適用分野を見出す。そこでは、国家官僚主義的社会主義の取るに足らぬ一変種の幻想が、経済発展のわかりやすいイデオロギーとして、地域的指導階級によって意識的に操られている。この階級の雑多な構成は、ブルジョワジーから官僚主義までのスペクトルのグラデーションと多かれ少なかれ明確に結びついている。既存の資本主義権力のこの二つの極の間で国際的に彼らが果たす役割のせいで、また、彼らの社会的基盤の雑多な現実の表現であるイデオロギー的妥協――とりわけイスラームとの――のせいで、このイデオロギー的社会主義の最後の副産物からは、警察以外のすべての真面目な活動が完全に奪われる。国民の闘争と農民の土地占拠反乱を囲い込むことによって形成された官僚主義もある。それは、その後、中国のように、一九一七年のロシアほども発展していない社会にスターリン的な工業化モデルを適用する方向に向かっている。国を工業化することのできる官僚主義が、エジプトの例が示すように、権力を掌握した軍の幹部というプチ・ブルジョワジーによって形成されることもある。いくつかのところでは、独立戦争から生まれたアルジェリアの官僚主義のように、闘争の間に準国家的指導層として形成された官僚主義が釣り合いのとれた妥協点を探し、弱い国内ブルジョワジーと融合することもある。最後に、いまだにアメリカやヨーロッパの西洋のブルジョワジーに公然と結びついているブラック・アフリカの旧植民地のように、——たいていの場合、部族主義の伝統的首長権力から出発して——国家を所有することによってブルジョワジーが形成されることもある。依然として外国の帝国主義が経済の真の支配者であるこれらの国では、買辦商人が土着の産物を売るのと引き換えに、土着の国家という財産を受け取った段階があった。この国家は地域の大衆の前では独立した国家だが、帝国主義を前にするとそうではなくなるのである。この場合、問題なのは、自分たちのもとに戻って来る地域の労働の剰余価値の取り分も、自分たちを保護してくれる国家や独占企業の海外援助も、蓄積することができず、単に浪費するだけの人工的なブルジョワジーである。こうしたブルジョワ階級がブルジョワジーの正常な経済機能を果たすことができない証拠に、こうした階級の前には必ず、程度の差こそあれ地域の特性に合わせて適用された官僚主義モデルに則った転覆の試みが持ち上がり、彼らの遺産を奪い取ろうとする。だが、工業化の基本計画に一つの官僚階級が成功すると、必然的に、それは歴史的失敗を被ることが予測される。官僚主義は、資本を蓄積しつつプロレタリアートを蓄積し、まだプロレタリアートの存在していない国のなかに自分たちを否定するものを作り出すのである。

階級闘争の時代を新しい状況に運び入れたこの複雑で恐るべき発展のなかで、工業国のプロレタリアートは、自前の見通しを提出することに完全に失敗した。だが、要するに、彼らは自分たちの幻想を失ったのであり、存在を失ったのではない。プロレタリアートの存在は抹消されない。それは、現代の資本主義の強化された疎外のなかに還元不可能なかたちで存在し続けている。自らの生の使い方への支配力をすべて失い、そのことを知るやいなや、プロレタリアートとして、つまりこの社会における活動する否定的存在として自らを再定義する圧倒的多数の労働者こそが、現代のプロレタリアートなのである。このプロレタリアートは、農民階層の消滅の運動によって、また工場労働の論理が拡張され大部分の「サーヴィス」業と知的職業にまで適用されるようになったことによって、客観的には強化されている。だが、主観的には、このプロレタリアートも実践的な階級意識からはほど遠い。サラリーマンにおいてだけではなく、今のところまだ古い政治の無能と欺瞞しか見ていない労働者においてもそうである。だが、プロレタリアートが、自分たちの外化された力は、もはや自分たちの労働の形態においてだけではなく、自分たちの解放のために作ったはずの組合や党や国家権力の形態においても、資本主義社会を不断に強化するのに貢献していることを見出す時、彼らは具体的な歴史的経験によって、自分たちがあらゆる固定化された外在化とあらゆる権力の専門化に完全に敵対する階級であることを発見する。彼らは、己れの外部に何も残さぬ革命、過去に対する現在の永続的な支配の要請、さらには分離に対する全体的批判まで担う。そして、それに適した形態を、行動のなかで見出さねばならない。彼らの悲惨な状態を量的に改善すること、位階的な統合の幻想を抱くこと、それらはいかなる意味でも彼らの不満足を永久に癒す薬ではない。というのも、プロレタリアートが己れの真の姿を認めるのは、自分たちが被ったかもしれないある特殊な損失のなかでも、また、それゆえ、その特殊な損失に対する補償や、他の同様の数々の損失の補償のなかでもなく、生の余白に投げ捨てられたという絶対的な損失のなかにだけだからである。

115

否定の新たな徴候が、スペクタクル的な整備によって無理解にさらされ歪められながらも、経済的に最も進んだ国々において増殖している。このことから既に、新たな時代が始まっているという結論を引き出すことができる。労働者による最初の転覆の試みの後に、いまや、資本主義の豊かさの方こそが挫折したのである。西欧の労働者の反組合的闘争がまず何よりも組合によって鎮圧され、若者の反乱の潮流が投げつけるかたちにならない最初の抗議の声のなかに、それでも、専門化された古い政治に対する拒否、芸術や日常生活に対する拒否が直接的に含まれていることを見ると、そこには、犯罪の様相の下に開始されている新たな自発的闘争の二つの面があることがわかる。それらは、階級社会に対するプロレタリアートの第二の攻撃の前兆である。いまだに動かぬこの部隊〔＝プロレタリアート〕の迷子の子供たち[27]が、変わったはずであるにもかかわらず同じままのこの戦場に再び姿を現す時、彼らは新たな「ラッド将軍[28]」の指揮に従うが、この将軍は、今度は、許容された消費の機械の破壊へと彼らを遣わすのである。

116

「労働の経済的解放を実現しうる、ついに見出された政治形態」が、今世紀、革命的労働者評議会というかたちで明確な姿を現した。それは、決定と実行のすべての機能を自らのうちに集中し、下部に対して責任を負い、いつでも罷免可能な代表者によって集合体を形成している。その実際の存在は、いまだ短い素描段階でしかなく、階級社会を防衛するさまざまな勢力によってすぐに打ち負かされてしまったが、その勢力のなかには評議会自身の虚偽意識も数えねばならないことがしばしばあった。パネクーク[29]は、労働者評議会権力の行う選択の主眼が、解決をもたらすよりはむしろ「問題を提起する」ことにあるという事実を的確に指摘していた。だがこの権力こそ、まさに、プロレタリアートの革命の問題が真の解決を見出しうる場である。それは、歴史意識の客観的条件が一つに集められる場であり、積極的な直接的コミュニケーションが実現され、専門化や位階制や分離が終わりを告げる場、既存の条件が「統一の条件」へと変えられた場なのである。ここでは、プロレタリアートの主体は、凝視〔=観想〕に対する闘争のなかから姿を現しうる。すなわち、その主体の意識は、それが自らに与えた実践組織と等価である。なぜなら、この意識そのものは、歴史への一貫した介入と切り離すことができないからである。

117

国際的なレヴェルで他のあらゆる権力に取って代わらねばならない評議会権力のなかでは、プロレタリアートの運動はプロレタリアート自身の生産物であり、それが生産するのは生産者そのものである。それはそれ自体に対してそれ自体の目的である。そこにおいてのみ、生のスペクタクル的な否定が、逆に、否定されるのである。

118

評議会の出現は、今世紀の最初の二十五年間に現れたプロレタリアートの運動のなかで、最も崇高な現実だった。だがこの現実は、当時の歴史的経験の全体に否認され排除された他の運動とともに消滅したため、注意を引かず、あるいは歪曲されたままだった。この成果は、プロレタリアートの新たな批判活動の時期に、敗北した運動のなかで唯一敗北しなかったものとして戻って来る。自分の生きる環境はそのなかにしかないことを知っている歴史意識には、その成果をいまや、もはや退潮しつつあるものの周辺ではなく、昇り来るものの中心において認めることができるのである。

119

評議会権力以前に存在する革命組織――それは闘いのなかで自分自身の組織形態を見出さねばならないだろう――は、こうしたすべての歴史的理由から、自分が階級を代表していないことを既に知っている。それがせねばならないことは、自分自身を分離の世界から徹底的に分離したものと認めることだけである。

120

革命組織とは、実践的闘争との一方通行ではないコミュニケーションに入り、そこから実践的理論へと生成していく実践《プラクシス》の理論の首尾一貫した表現である。その実践は、闘争におけるコミュニケーションと一貫性を全体化することである。社会的分離が解消される革命の瞬間に、この組織は、分離した組織としてのそれ自身は解消されるということを認めねばならない。

121

革命組織とは、社会に対する統一的批判以外の何ものでもない。すなわち、世界のどこでも、いかなるかたちの分離された権力とも妥協しない批判であり、疎外された社会生活のあらゆる局面に対して包括的に発された批判である。階級社会に対する革命組織の闘争の武器は、兵士そのものの本質存在以外にはありえない。革命組織は、支配階級の社会のものである分裂と位階制という条件を自らのうちに再生産することはできない。それは、支配的スペクタクルのなかでの自らの歪曲と常に闘わねばならないのである。革命組織が完全な民主主義に参加する際の唯一の限界は、その批判の一貫性を組織のすべての構成員が認識し、実際にわがものとできるかどうかにある。この一貫性は本来の意味での批判理論のなかで、そしてまた批判理論と実践活動との間の関係のなかで、証明されるべきものである。

122

あらゆるレヴェルで資本主義の疎外がますます強く推し進められ、労働者が自分自身の悲惨な状態を認識し名づけることがますます難しくなるために、労働者は自分の悲惨の全体を拒むか、何も拒まないかという二者択一のなかに置かれる。その時、革命組織は、疎外された形態で疎外と闘うことはもはや不可能だ、ということを学んでおくべきである。

123

プロレタリア革命は、人間的実践の知性としての理論が、はじめて大衆に認識され、生きられねばならなくなったという必要に完全に依存している。この革命は、労働者が弁証家となり、自分の考えを実践のなかに書き込むことを要請する。こうして、プロレタリア革命は、ブルジョワ革命がその実行の代表者として選んだ特性ある者たちに要求した――というのも、ブルジョワ階級の一部が築き上げた部分的なイデオロギー意識は、この階級が既に権力を握っていた経済という社会生活の中心部分に基礎を置いていたからだ――以上のことを、特性なき者たちに要求するのである。それゆえ、階級社会が非-生のスペクタクル的な組織にまで発展すると、革命の企図は、眼に見えるかたちで、それがすでに本質的にそうであったものとなるのである。

124

革命理論はいまやあらゆる革命イデオロギーの敵であり、しかもそれは、自分がそうであることを知っている。

訳注

(1) 「三月十八日」とは、一八七一年三月十八日、パリ・コミューンの勃発した日。

(2) カール・コルシュ (Karl Korsch 一八八六—一九六一年) ドイツのマルクス主義哲学者。一九一九年、独立社会民主党に入党。翌年よりドイツ共産党員。『マルクス主義と哲学』(一九二三年) を発表し、第二インターナショナルの実証主義的史的唯物論の独断性を批判し、唯物論の弁証法哲学を復権させることを試みた。また、共産主義運動の新しい組織原理として、レーテ(評議会) 運動を提唱するとともに、社会化理論を展開したが、党主流派と意見が合わず、除名される。

(3) ベルンシュタイン (Eduard Bernstein 一八五〇—一九三二年) ドイツ社会民主党の理論家。『社会主義の諸前提と社会民主主義の任務』(一八九九年。邦訳、佐瀬昌盛訳、ダイヤモンド社、一九七五年) によって修正主義を提唱した。

(4) 同右書、五五—五七頁。

(5) 『哲学の貧困』、大月版『マルクス・エンゲルス全集』4、一八九頁/山村喬訳、岩波文庫、一九九頁。

(6) 大月版『マルクス・エンゲルス全集』3、一四頁。

(7) ヴェルナー・ゾンバルト (Werner Sombart 一八六三—一九四一年) ドイツの経済社会学者。マルクスやディルタイなどの影響下に出発し、マックス・ヴェーバーらと『社会科学および社会政策雑誌』を編集したが、後に国家主義、精神主義に傾斜していき、最後は国家社会主義と結びついた。

(8) ジョルジュ・ソレル (George Sorel 一八四七—一九二二年) フランスの哲学者・社会主義者。『暴力論』（一九〇八年）によって、第二インターナショナルの社会主義者の議会主義的穏健主義を非難した。革命運動における「組合」の役割を評価し、「暴力」をその最高の発現形態とする「ゼネスト」の意義を説いた。晩年は、カトリック的・反民主主義的立場を採り、その思想はファシズムに利用され、ムッソリーニによって「ファシズムの精神的な父」と呼ばれた。ドゥボールがこの断章83の末尾で引用しているソレルの本のタイトルは、正確には、『プロレタリアートの理論のための資料』（*Matériaux pour une théorie du prolétariat*）ではなく、『プロレタリアートの理論の資料』（*Matériaux d'une théorie du prolétariat*）である。一九一九年にパリで出版されたこの大部の本は、ソレルが第一次大戦以前に書いた政治パンフレットや雑誌論文などを集めたものである。

（9）『フランスにおける階級闘争』（一八九五年版）への序文、大月版『マルクス・エンゲルス全集』22、五一〇頁／中原稔生訳、国民文庫、一一頁。

（10）『共産党宣言』「一、ブルジョワジーとプロレタリアート」、大月版『マルクス・エンゲルス全集』4、四七六頁／大内兵衛・向坂逸郎訳、岩波文庫、三九頁。

（11）大月版『マルクス・エンゲルス全集』31、三三九頁。

（12）ミハイール・アレクサンドロヴィチ・バクーニン（Mikhail Aleksandrovich Bakunin 一八一四―七六年）ロシアの思想家、革命的無政府主義の創始者。一八四八年革命時にパリ、プラハなどで暴動を扇動・指揮した廉で逮捕、シベリア流刑。シベリアから脱出後、イギリス、イタリア、スイス、フランスなどで革命的アナキズムの運動を組織。一八六九年から七二年の第一インターナショナルの時期に、マルクスの率いる共産主義者との確執のなかで、国際労働者運動の舞台で活動。七二年、ハーグの大会で両者の決裂が決定的となり、翌七三年には、マルクス派、バクーニン派、それぞれがジュネーヴで別個に大会を開催することとなった。大会はバクーニン派の盛況、マルクス派の敗北のうちに終わったが、この大会の後、バクーニンは九月二十六日付『ジュネーヴ新聞』紙上に、「ジュラ連合の同志たちへ」の手紙を書いて、引退を表明した。

(13) ルードルフ・ヒルファーディング(Rudolf Hilferding 一八七七―一九四一年)ユダヤ系ドイツ人の医者、経済学者、政治家。『金融資本論』(一九一〇年。邦訳、岡崎次郎訳、岩波文庫、一九八二年改訳)で、社会民主党の理論的指導者となり、一九三三年のナチス政権誕生まで、社会民主党の国会議員として活動。その後は、スイス、フランスに亡命し、第二次大戦中にドイツの国家秘密警察に引き渡され、四三年ブーヘンヴァルトの強制収容所で死亡。『金融資本論』は帝国主義段階の資本主義の分析としてレーニンの『帝国主義論』のなかでも、数多く引用されている。

(14)『金融資本論 (上)』、「序言」、前出、岩波文庫、一四頁。

(15) フリードリヒ・エーベルト(Friedrich Ebert 一八七一―一九二五年)ドイツ共和国初代大統領。はじめは鞍作り工だったが、社会民主党の党首となり、第一次大戦中祖国ドイツの勝利に挺身し、戦後、一九一八年十一月革命の勝利の後、首相となり、一九年には大統領となる。一八年にスパルタクス団《ブント》を弾圧したことで有名。

(16) ローザ・ルクセンブルク(Rosa Luxemburg 一八七〇―一九一九年)ポーランドの革命家・経済学者。ポーランドのユダヤ人商人の家に生まれる。チューリヒで経済学と自然科学を学ぶかたわら、社会主義運動に身を投じた。一八九三年、「ロシア・ポーランド社会民主党」を創設、九五年ごろドイツ国籍を得て入独。九八年以降、ドイツ社会民主党左翼にあって、ベルンシュタインの修正主義、カウツキーの中道日和見主義と闘争。第一次大戦中、リープクネヒトらとスパルタクス団を結成、反戦運動を展開したが逮捕・投獄された。一九一九年武装蜂起の際、その失敗とともに捕えられ、モービット監獄へ送られる途中、革命の裏切り者らによって惨殺された。

(17) アレクサンダー・ヘルファント・パルヴス（Alexander Helphand Parvus 一八六七―一九二四年）ドイツ、ロシアのマルクス主義者にして資本家。一九〇五年一月の「血の日曜日」事件の時に、トロツキーと共同で、ペテルブルクに労働者ソヴェトを樹立するために活動。それ以前の一九〇四年に、亡命先のミュンヒェンでトロツキーの永久革命理論に深い影響を与えたと言われている。パルヴスは、「資本家にして革命家」という異名を持ち、バルカン諸国との貿易で財をなし、当時ドイツ最大の資本家となり、第一次大戦時にも莫大な利益を得たために、レーニンらからは問題視された。

(18) 一九二一年三月八日に開かれた党大会で、レーニンが新経済政策《ネップ》を発表した。この会期中に、軍港クロンシュタットで「共産党抜きのソヴェト」のスローガンの下、水兵が反乱を起こし、トゥハチェフスキー指揮下の赤軍に鎮圧された。

(19) 「労働者反対派」とは、一九二〇年から二一年にかけての、ロシア共産党内部での労働組合論争の過程で、レーニンらの指導部に反対した分派で、シリャプニコフ、メドヴェージェフ、コロンタイらに指導されていた。彼らは、ブルジョワ革命の包囲下でレーニンの打ち出したプロレタリア独裁による中央集権主義に反対し、一七年革命当時の大衆の自然発生的な革命性に依拠した分権主義的な「労働者統制」を主張したため、第十回党大会において、レーニンから「サンディカリズム的偏向」として、激しく非難された。

(20) 『レーニン全集』32、「ロシア共産党（ボ）第十回党大会、三、ロシア共産党（ボ）中央委員会の報告の結語　三月九日」、大月書店、二〇九頁。

(21) ブルーノ・リッツィ(Bruno Rizzi 一九〇二—七七年) イタリアの革命家と思われる。リッツィは、ジャック・ドローズの『社会主義全史』(Jaques Droz, *Histoire générale du socialisme*, tome 3, P. U. F., 1977, p. 10) によれば、「トロツキーの弟子」の一人で、第二次大戦が始まる以前の段階で既にいち早く、ソヴェトの官僚主義的国家体制に対して最も激しい批判を加え、それが資本主義的「ブルジョワジー社会そのものよりも抑圧的な新たな搾取社会」だと規定していた。著書に、『ソ連——官僚主義的集団主義第一巻『世界の官僚主義化』(*L'U. R. S. S. : collectivisme bureaucratique I. La Bureaucratisation du monde*, 1977, Lebovici) がある。

(22) アントン・チリガ(Anton (Ante) Ciliga 一八九八—一九九二年) クロアティアに生まれる。イタリア国籍を有したままユーゴスラヴィア共産党に加盟し、インターナショナルにおけるユーゴスラヴィア共産党代表となる。一九二六年、モスクワに行き、トロツキーらと共に左翼反対派として行動し、三〇年に逮捕され、三〇年から三五年までシベリアに送られる。三八年パリで、スターリン時代のソ連に関する最初の証言の一つである『大きな虚偽の国で』(*Au pays du grand mansonge, rééd., Dix ans au pays du mansonge déconcertant*, 1978, Champ Libre) を出版し、スターリン体制を告発した。

(23) ヘーゲル『精神現象学』(§345)、『ヘーゲル全集』5B、金子武蔵訳、岩波書店、四〇頁/『世界の大思想』12、樫山欽四郎訳、河出書房、二八一頁。

(24) トロフィム・デニソヴィッチ・ルイセンコ(Trofim Denisovich Lysenko 一八九八—一九七六年) ウクライナ生まれのソ連の農学者・生物学者。メンデルの遺伝学を否定し、環境の操作により、植物の遺伝性を後天的に変化させうること(獲得形質遺伝)を主張。彼の学説は、一九四〇年代のソ連内部で「マルクス主義生物学」をめぐる広範な論争を引き起こし(いわゆるルイセンコ論争)、最終的には、国家公認の下、反対派をブルジョワ生物学として学会から追放することとなった（一九四八年）。しかし、アメリカ合衆国、ヨーロッパの学会からは、その実験の確実性に疑義が投げかけられ、政治的遺伝学だとの批判が起こり、ソ連国内でも、スターリンの死後、ルイセンコは権力を失い、一九六〇年代にはその説も公式に否定された。

(25)「レーニンの遺言」一九二二年十二月二十四日に、病床で口述筆記された「大会への手紙」のこと。そのなかでレーニンは、スターリンとトロツキーの対立を党の将来に分裂をもたらす危険な要素とし、党書記長の職にあって大きな権力をふるっていたスターリンを、その粗暴さを理由に解任し、「もっと忍耐強く、もっと忠実で、もっと鄭重で、同志に対してもっと思いやりがあり、彼ほど気まぐれでない」（『レーニン全集』36、七〇四―七〇五頁）人物を後任とすることを考えていると述べていた。

(26) マックス・イーストマン（Max Eastman 一八八三―一九六九年）アメリカ合衆国の作家。一九一〇年に雑誌『ザ・マッセズ』を創刊。ジョン・リードやフロイド・テルらと社会主義者の作家・思想家を結集し、アメリカ合衆国のプロレタリア運動を牽引した。

(27)「迷子の子供たち」とは、中世末期から近世初頭の戦場において、突破口を切り開くために最初に捨て石として用いられた「散兵」の別称。正規兵が大人であったのに対し彼らはしばしば本当に浮浪児から成っていた。

(28) 一八一〇年にイギリスで起きた機械打ち壊し運動（ラッダイト）の伝説的指導者ネッド・ラッド（Ned Ludd）のこと。

(29) アントン・パネクーク（Anton Pannekoek 一八七三―一九六〇年）オランダの天文学者、社会主義者。評議会社会主義の理論家。天文学者としてアムステルダム大学の主任教授まで務める一方で、当初

（一九〇一年）からオランダ社会民主主義労働者党に加盟、その後身である社会民主党の左派の理論家となる。一九一〇年代の社会民主党内での、大衆闘争をめぐるローザ・ルクセンブルクとカウツキーとの論争に加わり、ローザを支持して論陣を張る（この件について、レーニンは『国家と革命』でパネクークを持ち上げている）。ロシア革命の影響を受け、ドイツのスパルタクス団やドイツ国際共産主義者団などの最左派が社会民主党から分岐してドイツ共産党を結成（一九年）し、さらにそこからも分岐してドイツ労働者共産党に結集してゆく過程で、それに呼応してパネクークも評議会社会主義の理論を先鋭化させ、二〇年、レーニンの率いる第三インターナショナル第二回大会にパンフレット『世界革命と共産主義戦略』を提出してレーニン主義を批判、レーニンからは極左冒険主義として非難される。晩年は、ブルジョワ革命の特殊形態としてのロシア革命という規定の上に、ロシア革命の分析、レーニン批判を行うなかで、独自の評議会社会主義の思想を完成させていった。第二次大戦中にまとめ上げた『労働者評議会』は、長く日の目を見なかったが、六〇年代のドイツ、フランスの若者たちの反乱のなかで再評価された（この項、江口幹『評議会社会主義の思想』、三一書房、一九七七年、参照）。

V　時間と歴史

「ああ、諸君、人の人生のなんと短いことか！（……）どうせ生きるなら、王を踏みつけて生きよう。」

シェイクスピア『ヘンリー四世』(1)

125

人間という、「〈存在〉を揚棄する限りにおいてのみ存在する否定的存在」は、時間と同一の存在である。人間が自らの自然を占有したということは、人間が宇宙の展開を把握したということでもあるのである。「歴史そのものが自然史の、自然の人間への生成の、一つの現実的な部分である」(マルクス)[2]。しかし逆に、この「自然史」は、歴史のこの全体性を再発見できる唯一の部分である人間の歴史の過程を通してしか現実には存在しない。それは、宇宙の周辺部への星雲の後退運動に時間のなかで追いつく射程を持った現代の望遠鏡のようなものだ。歴史は常に存在してきたが、常に歴史という形態で存在していたとは限らない。社会を媒介にして行われる人間の時間化は、時間の人間化に等しい。時間の無意識の運動は、歴史意識のなかで姿を現し、真実のものとなるのである。

126

本来の歴史の運動は、いかにまだ隠れているとはいえ、「人間の現実的な自然」、すなわち「人間的歴史――人間社会の生成活動――のなかで生まれてくる自然」[3]の知覚できないほど緩慢な形成のなかで始まっている。だが、その時に一つの技術と一つの言語とを支配した社会が、既にその社会自体の歴史の産物なのだとしても、この社会は永遠の現在の意識しか持たない。その社会のなかでは、知識はすべて、最も古い者たちの記憶だけに限られ、常に生者によってもたらされる。死も出産も、時間の法則として理解されることはない。時間は、閉じられた空間のように不動のままなのだ。より複雑な社会が時間の意識を持つようになると、時間を否定することがむしろ社会の労働となる。というのも、そのような社会は、時間のなかに、過ぎ去るものではなく、戻り来るものを見るからだ。静的な社会は、自然に対する直接的な経験にしたがって、円環的な時間モデルによって時間を組織するのである。

127

円環的な時間は、遊牧民族の経験において既に支配的であった。なぜなら、移動の際に彼らの前に見出されるものは常に同じ状況だからだ。ヘーゲルはこう書いている、「遊牧民の彷徨は単に形式的なものにすぎない。というのも、それは同じ形の空間のなかに限定されているからだ」。地域的に自己を固定しつつ、個別化されたさまざまな場所を整備することで空間に内容を与える社会は、まさにそのことによってその地域の内部に閉じ込められている。さまざまなよく似た場所に一時的に回帰していたものが、いまや、同一の場所への時間の純粋な回帰、一連の行為の反復となった。牧畜遊牧民から定住農耕民への移行は、中身のない怠惰な自由の終わりであり、労苦の開始である。農業的生産様式全体が、季節のリズムに支配され、完全に構成された円環的時間の基礎となった。農業的生産様式にとって、永遠は内部にある。それは、現世での同じものの回帰である。神話とは、この社会が既にその境界内で実際に実現した秩序の周りにいっさいの宇宙秩序を保証する思考の、統一的構築物である。

128

時間の社会的占有、人間的労働による人間の生産、これらは階級に分割された社会のなかで発達する。円環的時間社会の欠乏状態のはるか上に築かれた権力、その社会の社会的労働を組織し、限られた剰余価値を占有した階級は、それが社会的時間を組織することによって産み出した時間的剰余価値をも占有する。それは、生者の不可逆的な時間を、ただ自分のためだけに所有するのだ。唯一の富は権力部門のなかに集中して存在し、贅を尽くした祭りで物質的に消費されるが、その場合もその富は、同時に社会の表面の歴史的時間の浪費として消費される。歴史の剰余価値の所有者が、生きられた出来事の知識とその享受とを両方とも所有しているのである。この時間は、社会生活の基盤の反復的生産において支配的な、集団的に組織された時間から分離され、その社会の静的な共同体を超えて流れる時間である。それは、冒険と戦争の時間であり、その時間のなかで、円環的社会の支配者たちが自分たちの個人的な歴史をたどるのだ。それはまた、互いに疎遠な共同体どうしの衝突のなかに現れる時間であり、社会の不変秩序の攪乱のなかに現れる時間でもある。それゆえ歴史は、人々の前に、疎遠な要因として、すなわち自分たちが望まなかったもの、自分たちがそれからは守られていると思っていたものとして訪れる。だが、この迂回によって、あらゆる発展の起源そのものにありながら眠らされていた、人間的なものについての否定的な不安もまた同時に呼び覚まされるのである。

129

円環的時間は、それ自体では葛藤のない時間である。だが、時間のこの幼年期において葛藤が植えつけられる。つまり、歴史はまず、支配者たちの実践的活動のなかで歴史となるための闘争を開始するのである。この歴史は、表面的に不可逆的な動きを作り出す。その運動が、円環的社会の汲み尽くせぬ時間の内部で、自らが汲み尽くす時間そのものとなるのである。

130

「冷たい社会」とは、その歴史的部分の速度を極端に遅くし、自然的・人間的環境とその社会との対立、さらにその社会の内的な対立を一定の平衡状態に保った社会である。そのような目的で作られた制度が極端に多様であることは、人間的自然の自己創造の柔軟性の証拠であるにしても、この証拠は、もちろん、外部の観察者、歴史的時間から戻って来た民族学者に対してしか姿を見せない。これらの社会のいずれにおいても、決定的な構造化は変化を排除した。既存の社会的実践の絶対的な順応主義――あらゆる人間的可能性が永久にそれと同一視されているもの――には、形のない動物性のなかに再び陥る恐怖以外に、もはやいかなる外的な限界もない。そこでは、人間的なもののなかにとどまるためには、人間は同じものであり続けなければならないのである。

131

政治権力の誕生は、産業の出現まで根本的な変動はもう経験することのない時代のとば口で、鉄の溶解などの最後の技術的大革命と関連して生じたと考えられるが、それはまた血縁による絆の崩壊が始まった瞬間でもある。その時から、世代から世代への継承は純粋な自然的円環の圏外に出て、方向づけられた出来事、権力の継承となった。不可逆的な時間は支配者の時間であり、王朝こそがその第一の尺度である。文字がその武器であり、文字のなかで、言語はさまざまな意識の間の調停という、独立した完全な現実に到達する。だが、この独立性とは、社会を構成する調停者としての、分離された権力の一般的独立性と同一のものでもある。文字とともに、生きた者どうしの間の直接の関係のなかではもはや誰も持たず、誰にも伝わらない意識、すなわち非人称的な記憶という、社会の管理者の記憶が生まれたのである。「文書は国家の思想であり、文庫《アルヒーフ》はその記憶である」（ノヴァーリス）[4]。

132

家系史《クロニック》とは権力の不可逆的な時間の表現であり、同時にその時間を以前の権力のかすかな輪郭から意図的に進化させ、維持するための道具である。というのも、この時間の方向づけは、個々の権力の力の崩壊とともに消え去るべきものであり、数々の帝国とその年代記《クロノロジー》の崩壊のなかでも決して変化しない、農民大衆の経験する唯一の円環的時間の無関心な忘却のなかに、再び落ち込んでしまうからである。歴史の所有者たちは時間のなかに一つの意味（＝方向）を与えた。意味でもある方向を。だがこの歴史は人々から離れた場所で展開し、消滅する。社会の根底は変化させずにおくのである。なぜなら、この歴史は、まさに共通の現実から分離されたままのものであるからだ。この点で、東洋の帝国の歴史はわれわれにとって結局は宗教の歴史でしかない。再び瓦礫と化したその年代記は、それを包んでいた幻想の一見自律的に見える歴史しか残さなかった。歴史という私有財産を所持する支配者は、神話の保護の下に、まず何より、それを幻想というかたちで所持するのだ。中国でもエジプトでも、彼らは霊魂の不滅を長い間独占していた。そして、彼ら自身が自らのものと認めた最初の王朝は、過去を想像のなかで修正したものであった。だが、支配者たちのこの幻想上の所有物は、共通の歴史と彼ら自身の歴史に対するこの時点における唯一可能な所有物である。彼らの実際の歴史的権力の拡大は、幻想的な神話的所有物の世俗化と軌を一にして進むのである。これらのことはみな、中国の皇帝たちの季節ごとの儀式のように、支配者が円環的時間の永続性を神話によって保証することを引き受けてはじめて、彼ら自身も相対的にその円環的時間から解放されたという単純な事実から言えることである。

133

神話の命ずる内容の地上における実現として理解されることしか望まぬ、神聖化された権力の無味乾燥な年代記は、下僕に語りかける場合も何の説明も行わない。だが、そのような年代記が乗り越えられ、意識的な歴史となる時には、より広範な集団が歴史の現実に実際に参加する必要があった。自らを特殊な現在の所有者と認め、出来事の質的な豊かさを自分たちの活動として、また自分たちの居場所——自分たちの時代——として感じてきた者たちの間で、かくして実践的コミュニケーションがなされ、そこから歴史的コミュニケーションの普遍言語が生まれた。不可逆的な時間を存在させてきた者たちは、そこに、記憶すべきことと忘却の脅威とを、同時に見出すのである。「ハリカルナッソス〔現在のトルコの地方都市ボドルムの古名。古代ギリシアの歴史家ヘロドトスの生まれ故郷〕のヘロドトスはここで、人々の成し遂げた仕事が時間によって滅ぼされぬよう、彼の調査結果を提出する……」。

134

歴史についての論証は、権力についての論証と不可分に結びついている。ギリシアとは、権力と権力の変更というものが議論され、理解されていた時代、社会の支配者たちの民主主義の時代だった。専制国家において、権力は、権力の最も集中した、誰も近づけない闇のなかで問題をただ自分だけで解決した。宮廷革命においては、成功も失敗も議論の外にあった。だが、ギリシアにはそれらとはまったく逆の状況があったのだ。しかし、ギリシアの諸共同体が分かち持っていた権力も、実際は社会生活の犠牲の上にしか存在せず、社会生活の生産は奴隷階級のなかに分離されたまま変化しなかった。働かぬ者だけが生きるのである。ギリシア内部の共同体の分割のなかにも、海外の都市国家を搾取するための闘争のなかにも、それらのおのおのを内側から基礎づけていた分離の原則がはっきりと示されていた。普遍的歴史を夢見たギリシアも、侵略の前に自らの統一を果たすことはできず、独立した都市国家の暦を統一することすらできなかった。ギリシアでは、歴史的時間は意識されるようになったが、それはいまだ自らを意識するにはいたらなかったのである。

135
ギリシアの共同体が経験した地域的に有利な状況が消滅した後、西洋の歴史的思考は衰退したが、それにともない古代の神話的組織が再建されたのではない。地中海の諸民族の衝突と、ローマ帝国の形成と崩壊のなかで、半‐歴史的宗教がいくつも現れ、新しい時間意識の基本的要因、分離された権力の新たな防具の基本的要因となった。

136
一神教とは、神話と歴史との妥協の産物、いまだに生産を支配している円環的時間と、諸民族が衝突し再編成される不可逆的な時間との妥協の産物であった。ユダヤ教から生まれた諸宗教はすべて、民主化され、万人に開かれてはいるが、いまだに幻想のなかにある不可逆的な時間を世界中で抽象的に再認識する。時間は、すべて完全に、唯一の最終的事件、「神の国は近づいている」という事件に向かって方向づけられているのである。これらの宗教は歴史的土壌の上に生まれ、そこに築き上げられた。だが、そこにおいてもなお、それらは歴史との根源的な対立のなかに保たれるのである。半‐歴史的宗教は、時間のなかに質的な出発点――キリストの誕生、ムハンマドの移住[5]――を築く。しかし、そこから始まる不可逆的な時間は、イスラームにおいては征服の姿を、プロテスタントのキリスト教において資本の増大という姿を取って現れる実質的な蓄積を導入することにより、実際には、逆算するようにして宗教的思考のなかへと反転させられてしまう。そこには、減少していく時間のなかで、真の別世界に参入するまでの待機の時間、最後の審判を待つ時間しか存在しないのである。永遠は、円環的時間の外に出た。だが、この永遠は円環的時間それ自体の彼岸であり、それは、時間の不可逆性を格下げし、歴史そのもののなかから歴史を削除し、円環的時間がそこに戻り廃止された純粋な点のようなものとして、不可逆的時間の反対側にその身を定めるのである。ボシュエ[6]はさらにこう言うだろう、「そして過ぎ去る時間を使って、われわれは過ぎ去ることのない永遠のなかに入るだろう」。

137

中世という、自己の外〔＝天上〕にその完成した姿を持っていた未完成な神話的世界は、生産の主要部分をいまだに統御していた円環的時間が、歴史に実際に侵食される時代である。人生の齢の変遷、旅、すなわち別の場所に意味を有する世界への還ることなき移動と見なされた人生、これらのなかに、誰もが個人として、ある種の不可逆的な時間性を認識する。巡礼者とは、円環的な時間の外に出て、誰もが徴候的にはそうであるそうした旅人に、実際になってしまった人間のことである。個人の歴史的な生は常に、権力の圏内で、権力が行う闘争と権力を争うための闘争に参加することによって実現される。だが、権力の不可逆的な時間は、西暦（＝キリスト暦）という方向づけられた時間に全体として統一されながらも、武器で身を固めた信頼の世界のなかで無限に分割され、そこで、忠誠と尽くされるべき忠誠についての異議申立てを巡って、支配者たちのゲームが行われるのである。こうした封建社会は、「征服そのものが行われていた間に発展した征服軍の組織構造」と「征服された国のうちに既に存在していた生産力」（『ドイツ・イデオロギー』[7]）――この生産力の組織のなかには彼らの宗教的言語も含めねばならない――との出会いから生まれ、教会と国家権力との間で社会支配を分割した。さらに、この国家権力も、領土保有地と都市共同体と封主と封臣との複雑な関係のなかにさらに細かく分割された。こうして歴史的生の可能性が多様化し、社会を根底から無意識に衝き動かす不可逆的な時間も、商品の生産や都市の建設と拡張においてブルジョワジーが生きる時間も多様化するにつれて、地球の商業的発見――宇宙《コスモス》の神話的組織化のすべてを永久に破壊してしまう実践的実験――が時代の未知の労働として次第に姿を現してきた。その時に、封建的世界公認の歴史的大事業は、十字軍とともに失敗したのである。

138

中世の黄昏とともに、古い秩序に縛られていた意識も、社会の奥深くまで入り込んできた不可逆的な時間を、死の固定観念というかたちで強く感じ取るようになった。それは、一つの世界、すなわち神話による安全がまだ歴史と釣り合っていた最後の世界の解体に対するメランコリックな感情である。このメランコリーにとって、地上の事物はすべてひたすら腐敗への道を歩んでいる。ヨーロッパのいくつかの大きな農民反乱もまた、封建君主の保護によって保証されていた家父長的な眠りから彼らを暴力的に引き剝がす歴史に対して、農民たちが与えた回答だった。それは、地上での楽園の実現を図る千年王国的なユートピアであり、そのなかで、半 - 歴史的な宗教の起源にあったものが再び舞台の前面に現れ、キリスト教共同体が、その出自であるユダヤ教的メシア思想のように、時代の困難と不幸への回答として神の王国の即座の実現を期待し、古代の社会のなかに不安と転覆の要因を付け加えたのである。帝国のなかで権力を分け持つために訪れたキリスト教は、その全盛期には、こうした希望の名残を単なる迷信として否定していた。それが、アウグスティヌスの主張の意味するところであり、現代のイデオロギーが称讃するすべてのものの原型である。それによると、既に築き上げられている教会こそ、ずっと前から、人々が話してきたその王国なのである。千年王国説を奉じる農民の社会反乱は、当然まず何よりも教会を破壊する意志として定義される。だが、千年王国運動は歴史的世界で展開されたのであって、神話の領域で繰り広げられたのではない。ノーマン・コーンが『千年王国の追求』(8)のなかで示そうとしたように、千年王国運動の宗教的情熱の非合理的な帰結が現代の革命的希望なのではない。逆に千年王国運動は、宗教の言葉を語った最後の革命的階級の闘争であり、それは既に現代の革命的潮流の一つだったのだ。ただ、この潮流にはまだ、歴史的であるほかはないという意識が欠けていただけである。千年王国の信奉者たちは、革命を自分自身の作業と認識できなかったがゆえに、敗北せねばならなかった。神の決定という外的な徴《しるし》によって、彼らが行動するのを待ったという事実は、蜂起した農民が自分たちの外部から選んだ指導者に従ったという実践を、思考のレヴェルで翻訳している。農民階級は、社会の仕組みと自分自身の闘争を行う方法について、正確な意識を持つにはいたらなかったのである。なぜなら、この階級には、地上の楽園の心像《イマジュリー》に従って自らの企図を表現し、自らの戦争を遂行する統一の条件が、行動においても意識においても欠けていたからである。

139

歴史的な生を新たに所有したルネサンスは、自らの過去と自らの権利を古代ギリシア・ローマに見出し、永遠との歓喜に満ちた切断をなしとげる。ルネサンスの不可逆的な時間は、限りない知識の蓄積の時間である。そして、民主主義的な共同体とそれを破壊する勢力の経験から生まれた歴史意識は、マキアヴェッリとともに、世俗化された権力についての論証を再開し、国家について言うことを禁じられていたことを語るようになる。イタリアの都市国家の陽気な生活のなかで、祝祭の芸術のなかで、生は己れを時の流れの享受として認識するのである。だが、この時の流れ《パサージュ》の享受も、それ自体が束の間《パサジエール》のものとならざるをえなかった。ブルクハルトが「ルネサンスの精神そのもの」の表現と見なしたロレンツォ・デ・メディチ[9]の歌は、まさに、このはかない歴史の祝祭が己れ自身について歌った讃歌である――「青春、それはなんと美しいことか――だがそれは、あまりに早く過ぎ去る」。

140

ブルジョワ階級の完全支配にいたる移行期の国家形態である絶対王政国家による、歴史的な生を終始一貫して独占しようとする運動は、ブルジョワジーの新たな不可逆的時間とは何かということについて真理を明らかにした。ブルジョワジーが繋がれているのは、円環的な時間からはじめて解放された労働の時間なのである。労働は、ブルジョワジーとともに、歴史的条件を変更する労働となった。ブルジョワジーとは、労働を価値として持った最初の支配階級である。そして、あらゆる特権を廃止し、労働の活用から生じる価値以外のいかなる価値も認めぬブルジョワジーは、まさに、自らの支配階級としての価値を労働と同一視し、労働の進歩を自分自身の進歩とする。商品と資本を蓄積する階級は、労働そのものを変え、その生産性の鎖を解くことによって、自然を絶えず改変していく。社会生活は、既に、殺風景な国家機関の飾り――それは「王の職」で頂点に達する――にすぎぬ宮廷という貧相な飾りのなかにしか存在していなかったが、特殊な歴史的自由〔を持つ封建君主〕はすべてその喪失に同意せねばならなくなった。封建君主の不可逆的時間の遊戯の自由も、フロンドの乱[10]やチャールズ・エドワードのためのスコットランド人の蜂起[11]とともに、最後の闘いの敗北のなかで燃え尽きてしまった。世界は根底から変化したのである。

141

ブルジョワジーの勝利は、奥底まで歴史に浸された時間の勝利である。なぜなら、この時間は、社会を、休みなく、しかも上から下まで変えてしまう経済生産の時間だからだ。農業生産が主要な労働であり続けている限りは、社会の根底に依然として存在しつづける円環的時間が伝統の同盟軍を養い、それが運動にブレーキをかけていられる。だが、ブルジョワ経済の不可逆的な時間は、世界のいたるところでその生き残りを根絶する。歴史は、それまで支配階級の個人のみが作る運動として現れ、それゆえ、事件史として書かれてきたが、いまや一般的運動と理解され、その苛酷な運動のなかで個人は犠牲にされる。経済学に己れの基礎を見出した歴史は、いまや、かつての自分の無意識だったものの存在を知るが、それはやはりいまだに明るみに出すことのできない無意識であることに変わりはない。商品経済によって民主化されたのは、ただこの見境のない前史、誰にも支配できないこの新しい運命だけである。

142

社会の奥底に存在する歴史は、表面に出てくると消えてしまう傾向がある。不可逆的な時間の勝利とは、モノの時間への変身でもあるのである。なぜなら、その勝利の武器はまさに、商品の法則に従った事物の大量生産だったからである。それゆえ、経済の発展によって贅沢な希少品からありふれた消費物へと変化した主要生産物とは、歴史なのである。それも、生の質的使用をすべて支配するモノの抽象的な運動としての歴史だ。かつての円環的時間は、個人と集団によって生きられた歴史的時間の増大部分を支えていたが、生産の不可逆的時間の支配は、この生きた時間を社会的に取り除こうとするのである。

143

こうしてブルジョワジーは、社会に対し歴史の不可逆的な時間を知らしめ、押しつけはしたが、社会がそれを使用することは拒むのである。「かつて歴史があった、だがもはやそれはない」、なぜなら、経済を所有する階級は、経済の歴史と関係を断つことはできないので、同時に時間の別の不可逆的な使い方はすべて直接的な脅威として抑圧せねばならないからだ。支配階級は、モノを所有するというまさにその点において、それ自身モノに所有されたモノ所有の専門家からできているが、この物象化された歴史を維持すること、歴史のなかでの新たな不動性を恒久化することに、自らの運命を繋ぎとめねばならない。労働者は、社会の基盤にあって、はじめて物質的に歴史に対して疎遠ではなくなった。というのも、いまや、社会がまさにその基盤から不可逆的に動き始めたからだ。プロレタリアートは、自分が作る歴史的時間を生きたいという要求のなかに、自分たちの革命の企図の忘れえぬ単純な中心を見出す。そして、それまで常に打ち砕かれてきたこの企図の実行の試みの一つ一つが、新たな歴史的生を産み出しうる一つの出発点を示しているのである。

144

権力を支配するブルジョワジーの不可逆的な時間は、まず共和国元年という絶対的な起源として、ブルジョワジー自身の名の下に姿を現した。だが、一般的自由という革命のイデオロギー――それは、あらゆる価値の神話的組織化の最後の名残も、伝統によるあらゆる社会的規制も既に打倒していた――はすでに、古代ローマ風の衣裳を着せられた現実的意志、すなわち商業の自由の一般化というものをちらつかせていた。その時、商品社会は、かつては自らの純粋な支配を確立するために根本から揺さ振らねばならなかった受動性を再び構築せねばならないことを発見し、「キリスト教に、その抽象的人間の崇拝において、（……）最も適切な宗教的補完物を見出す」（『資本論』[12]）ことになる。その時点でブルジョワジーはこの宗教との妥協を遂げたが、それは彼らの時間の表示法にも現れている。ブルジョワジー自身の暦〔＝革命暦〕は放棄され、不可逆的な時間は西暦〔＝キリスト暦〕の鋳型のなかに再び流し込まれ、それを引き継ぐこととなったのである。

145

資本主義の発展にともなって、不可逆的な時間は世界的に統一される。全世界がこの時間の発展の下に集められることで、普遍的歴史が一つの現実となるのである。だが同じ時間に世界中どこでも同じであるこの歴史は、まだ歴史の内部での歴史の拒否でしかない。経済生産の時間が、均等な抽象的断片に細分されつつ、一つの同じ太陽のようにしてこの惑星全体の上に出現するのである。統一された不可逆的時間とは、世界市場の時間であり、その必然的帰結として世界的スペクタクルの時間となる。

146

生産の不可逆的時間はまず何よりも商品の尺度である。それゆえ、世界のあらゆる場所で社会の一般的時間として公式に認められている時間は、それを構成する専門化された利害を意味するだけの、特殊な時間でしかない。

訳注

(1) 第一部第五幕第二場、結末部のホットスパーの台詞。『シェイクスピア全集』第五巻、小田島雄志訳、白水社、八〇頁。
(2) 『一八四四年の経済学・哲学手稿』、大月版『マルクス・エンゲルス全集』40、四六五頁/『経済学・哲学草稿』、岩波文庫、一四三頁。
(3) 同書、大月版『マルクス・エンゲルス全集』40、四六四頁/岩波文庫、一四三頁。
(4) ノヴァーリス「花粉」七二、『日記・花粉』前田敬作訳、現代思潮社、古典文庫35、一九七〇年、一三七頁。
(5) キリスト紀元六六二年に、ムハンマドと七十余名の信徒およびその家族がメッカを捨て、メディナに移住したこと。この移住《ヒジュラ》がメディナに教団国家を建設する契機となったことから、この年を紀元とするヒジュラ暦が生まれた。
(6) ジャック・ベニーニュ・ボシュエ (Jacques Bénigne Bossuet 一六二七—一七〇四年) フランスの神学者、雄弁家、歴史家。ルイ十四世の絶対主義的王権神授説を奉じた。
(7) 『ドイツ・イデオロギー』「I フォイエルバッハ、〔B・II〕」、大月版『マルクス・エンゲルス全集』3、六〇—六一頁/古在由重訳、岩波文庫、九八頁。
(8) ノーマン・コーン『千年王国の追求』江河徹訳、紀伊國屋書店、一九七八年。
(9) ロレンツォ・デ・メディチ (Lorenzo de Medici 一四四九—九二年) フィレンツェのメディチ家当主の一人。フィレンツェに未曾有の盛時を現出し、文学の才にも恵まれた。ルネサンス人の典型とされる。
(10) フロンドの乱 (一六四八—五三年) 一六四三年のルイ十四世の即位後、宰相マザランによる王権の強化に反対して生じた、貴族階級をはじめ、ブルジョワ、農民をも巻き込んだ大規模な反乱。フロンドとは「石投げ器」の意味。この反乱は、フランスにおける貴族勢力（封建貴族・法服貴族）の最後の反乱であり、ブルボン絶対王政確立に道を開いたものとされる。

（11） チャールズ・エドワード・スチュアート（仏語表記 Charles Edouard Stuart 英語表記 Charles Edward Stuart 一七二〇―一八八年）イギリスの王位要求者、小僭称者。ジェイムズ二世の孫。子孫の絶えたイギリスのスチュアート朝の王位継承権を主張し、フランスの助けを得てスコットランドに上陸。当初は、スコットランド人のジャコバイト（名誉革命でフランスに追放されたジェイムズ二世とその子孫を擁立したジェイムズ派の人々。主としてカトリック教徒で、イギリスの支配に抵抗していた）の反乱軍を率いてダービーまで進むが、反乱軍の規律の乱れから敗北し、イタリアに亡命する。

（12） 『資本論』「第一巻、第一篇、第一章、第四節　商品の物神的性格とその秘密」、大月版『マルクス・エンゲルス全集』23 a、一〇六頁／向坂逸郎訳、岩波文庫、第一巻、一四二頁。

VI　スペクタクルの時間

「われわれが手にしているのは、時間だけだ。だがそれは住居を持たぬ者にも恵まれている。」

バルタサール・グラシアン『宮廷人』(1)

147

生産の時間、商品としての時間は、等価な時間的単位を無限に蓄積したものである。それは不可逆的な時間の抽象化であり、そのすべての切片はクロノメーターで、その唯一の量的等価性を証明せねばならない。この時間は、その実質的現実のすべてにおいて、常にその交換可能性において存在する。この商品としての時間による社会支配においては、「時間がすべてであり、人間は何ものでもない。人間はせいぜい時間の残骸でしかない」（『哲学の貧困』(2)）のである。この時間は無価値化された時間であり、「人間的発展の分野」としての時間を完全に逆転させたものなのである。

148

人間的非‐発展の一般的時間は、その補完的側面である消費可能な時間の下においても存在する。この消費可能な時間は、社会が一定の生産性を上げると、擬似円環的な時間として社会の日常生活の方に還って来る。

149

擬似円環的な時間とは、実際は、生産の際の商品としての時間を消費可能なものに偽装したものにすぎない。それは、生産の時間に見られた、互いに交換可能な均質の単位から成り、質の次元を排除しているということを、その本質的性質として持つ。しかし、この擬似円環的な時間は、具体的な日常生活を後進状態に置くことを――そしてその後進状態を維持することを――運命づけられた生産時間の副産物であるために、己れに擬似的な価値付与を行い、偽って個別化された一連の瞬間としてその姿を現さねばならないのである。

150

擬似円環的な時間は、現代の経済的な余分な生、増大した余分な生の消費の時間である。そこでは、日常的な体験は、決断を奪われたまま、もはや自然の秩序にではなく、疎外された労働のなかで発達した擬似的な自然に従う。それゆえ、まったく当然のことながらこの時間は、前産業化社会における余分な生（＝生き延び）を統御していた古い円環的リズムを再発見する。擬似円環的な時間は、円環的時間のさまざまな自然的痕跡に依拠すると同時に、それらを新たに均質的なやり方で組み合わせたものを作り出すのである。たとえば昼と夜、一週間周期の労働と休息、ヴァカンスの期間の回帰のように。

151

擬似円環的な時間は産業によって変形された時間である。商品生産に基礎を置く時間は、それ自体が消費可能な商品である。この商品は、古い統一的社会が解体した時に一度は私生活、経済的生活、政治的生活というかたちに区別されたものを、すべて寄せ集める。そうして、現代社会の消費可能な時間はすべて、社会的に組織された時間割として、市場において不可欠なさまざまな新たな産物の原料として扱われるようになっていく。「消費のために完成した形態で存在する生産物が、〔葡萄が葡萄酒の原料となるように〕新たに他の生産物の原料となることもある」（『資本論』[3]）。

152

集中した資本主義は、その最も進んだ部門において、「完成品の」時間ユニットの販売へと向かう。それらの時間ユニットは、一つ一つが、いくつかの数の商品を統合した単一の統一的商品である。その結果、「サーヴィス」経済や余暇経済の拡張のなかで、スペクタクル的住居や、ヴァカンスの集団的な擬似移動、文化消費への加入料金、「楽しい会話」や「いろんな人との出会い」というかたちでの社会性そのものの販売のための、「すべて込み」で計算した支払い形式が現れる。この種のスペクタクル的商品は、それに対応した現実の欠如感が激化することによってはじめて広まったことは確かだが、分割払いが可能になることで、販売近代化のためのモデル商品のなかでそれが姿を現したということもまた同じように明白である。

消費可能な擬似円環的時間とは、狭い意味でのイメージの消費時間としての、そして同時に、最も広い意味での時間消費のイメージとしての、スペクタクルの時間である。あらゆる商品の媒体であるイメージを消費する時間は、スペクタクルの装置が十全に行使される分野と不可分であり、また、それらの装置が、個々の消費すべての場として、またその中心にある姿として、包括的に提示する目的とも不可分に結びついている。よく知られているように、現代社会が常に追い求めている時間の節約というもの――輸送の速度に関してであれ、インスタント・スープの利用に関してであれ――が何であるかは、アメリカ合衆国の住民がテレビを見る時間が一日に平均して三時間から六時間だという事実に明白に現れている。時間消費の社会的イメージはと言えば、それはもっぱら余暇とヴァカンスの時間、あらゆるスペクタクル的商品と同様、離れたところに描かれ、誰もが望むことを暗黙の前提とした瞬間によって支配されている。この商品は、ここでは明白に、現実の生の瞬間として与えられ、その円環的な回帰を待つことが求められている。だが、生に割り振られたこれらの瞬間自体のなかに、再びより強度になったスペクタクルが姿を見せ、再生産されるようになる。現実の生として描かれたものが、結局は、単により現実的なスペクタクルの生でしかないことが明らかになるのである。

154

現代という時代は、本質的にはその時間を多種多様な祝宴の迅速な回帰として自己に示す時代であるが、実際は祝祭なき時代である。円環的な時間のなかで共同体が生の贅沢な浪費に参加していた瞬間は、共同体も贅沢もない社会にとっては不可能である。対話と贈与のパロディである現代の世俗化された擬似的な祝祭が余分な経済的浪費を促す時、それらの祝祭は、結局は、常に新たな失望の約束で埋め合わされる失望に終わるしかない。現代の余分な生の時間は、スペクタクルのなかで、その使用価値が縮小された分、いっそう高く己れの価値を吹聴しなければならない。時間の現実は時間の広告に取って代わられたのである。

155

かつての社会の円環的時間消費が、それらの社会の現実の労働と調和していたのに対し、発展した経済の擬似円環的な消費は、生産の抽象的な不可逆的時間と矛盾している。円環的時間が、現実に生きられた不変の幻想の時間であったのに対し、スペクタクルの時間は、幻想的に生きられた変化する現実の時間である。

156

モノの生産過程で常に新しいものが、同じものの拡大された回帰であり続けている消費において、再び見出されることはない。スペクタクルの時間のなかでは、死んだ労働が生きた労働を支配し続けるがゆえに、過去が現在を支配するのである。

157

一般的な歴史的生が欠如する一方で、個人の生もまた歴史を持たない。スペクタクルの演劇化のなかにひしめき合っている擬似的な出来事は、それらをよく知る人々によって生きられたものではない。それどころか、それらの出来事は、スペクタクル的な機械仕掛けの欲動のそれぞれが産み出す加速度的な交代によるインフレのなかで失われてゆく。その一方で、現実に生きられたものは、社会の公式の不可逆的時間と何の関係も持たないばかりか、その時間によって産み出された消費可能な副産物の擬似円環的なリズムと真っ向から対立する。この分離された日常生活の個人的経験には、言葉も概念もなく、どこにも書き留められていない自分自身の過去に決定的に接近する方途もないままである。それは伝達されない。それは、記憶できないものに対するスペクタクルの偽の記憶の利益となるように、理解されずに忘れ去られるのである。

158

歴史と記憶の麻痺、歴史的時間の基盤の上に築かれた歴史の放棄、それらを現代において社会的に組織するスペクタクルは、時間の虚偽意識である。

159

労働者を商品としての時間の「自由な」生産者にして消費者の地位に就けるための前提条件は、彼らの時間を暴力的に没収することであった。時間のスペクタクル的回帰は、生産者のこの最初の非所有によってはじめて可能になったのである。

160

目覚めた状態と眠った状態という自然のサイクルに依存せざるをえない点でも、個人の不可逆的時間のなかで確実に命が消耗してゆくという点でも、労働のなかにいまだに存在する還元不可能なまでに生物学的な部分は、現代的な生産の眼から見れば単に付随的なものにすぎない。そして、そのようなものとして、これらの要素は、生産の運動と、その運動の絶えざる勝利をわかりやすく表す消費可能な戦利品との公式発表のなかでは、無視されてしまう。自らの世界の運動の偽の中心で動けなくされた観客の意識は、自分の生が、自己の実現と自己の死に向かう通過点だと認めることはもはやない。自分の生を使うことを諦めた者は、もはや自分の死も自ら認めるはずがない。生命保険の広告がほのめかすのは、死による経済的損失の後のシステムの調整を確実に行わずに死ぬのは罪深い、ということばかりだ。そしてアメリカ流の死に方《アメリカン・ウェイ・オヴ・デス》の広告は、その場合に、自分には生の外観をいちばん多く維持する能力があると強調するのである。それ以外のあらゆる広告の爆撃の戦線では、年をとることははっきりと禁止されている。誰にとっても「青春という資本」をうまく使うことが大切で、その資本をあまり使わなかったからといって、必ずしも投資資本の累積的で安定した現実を獲得できるとは言えないのだ。このような死の社会的な不在は、生の社会的不在と同一のものなのである。

161

時間とは、ヘーゲルが示したように、必要な疎外であり、主体が自己を失うことで自己を実現し、自分自身の真理となるために他のものになる環境である。だが、疎遠な現在を生産する者が被っている支配的な疎外は、まさにその逆である。この空間的疎外のなかで、主体と、社会が主体から奪い取る活動とを、社会が根底から分離する際に、社会はまず、主体をそれ自身の時間から分離する。克服可能な社会的疎外とはまさに、時間における生きた疎外の可能性と危険とを禁止し、麻痺させてきた疎外なのである。

162 凝視される擬似円環的な時間の無意味な表面で消え去っては再構成される見かけ上の流行(modes)の下で、時代の大きな流れ(grand style)は常に、革命の明白かつ密かな必要によって方向づけられたもののなかにある。

163 時間の自然的基礎、時間の流れという感覚しうる事実は、それが人間にとって存在することによって、人間的で社会的なものとなる。限られた状態の人間的実践、さまざまな段階の労働、これらのものこそが、これまで、円環的時間や不可逆的な分離された経済生産の時間として、時間を人間化したり非人間化したりしてきた。階級なき社会や一般化された歴史的生に向けた革命の企図は、時間に対する社会的尺度を消滅させて、個人と集団の不可逆的時間の遊戯的モデル、そのなかでは互いに連合した独立の時間が同時的に存在するようなモデルを産み出そうとする企図である。それは、「個人から独立して存在するすべてのもの」[4]を取り除く共産主義を、時間の環境のなかで完全に実現するための綱領《プログラム》である。

164

世界は、既に一つの時間の夢を所有している。今、それを現実に生きるための意識を所有せねばならない。

訳注

（1）バルタサール・グラシアン・イ・モラレス（Baltasar Gracián y Morales 一六〇一—五八年）スペインのアラゴン地方に生まれた反体制的なイエズス会士のモラリスト・文筆家。彼の著作は今日までヨーロッパの倫理思想界に影響を与えている。『宮廷人』はその代表的な教訓的格言集である。

（2）『哲学の貧困』「第二節」、大月版『マルクス・エンゲルス全集』4、八五頁／岩波文庫、四四頁。

（3）『資本論』「第一巻、第三篇、第五章、第一節　労働過程」、大月版『マルクス・エンゲルス全集』23a、二三九頁／岩波文庫、第二巻、一七頁。

（4）『ドイツ・イデオロギー』「共産主義——交通形態そのものの生産」、大月版『マルクス・エンゲルス全集』3、六七頁／岩波文庫、一〇八頁。

VII　領土の整備

「かくてある都に相変わらず自由な生活を許し、これを破壊してしまわないものは、逆にそのためにおのが身を亡ぼされることになる。というのも、いつでも謀叛人どもは自由だの自国の旧制度だのの名に隠れるもので、かようなものは永の年月がたっても、また恩恵を施されても、決して忘れられないものだからである。ゆえにどんなことをやってみても、あるいは備えを固めてみても、住人どもが互いに仲違いをしてちりぢりにならない限り、必ず例の名目と旧制度とを忘れず、(……)」

マキアヴェッリ『君主論』(1)

165

資本主義的生産は空間を統一し、空間はもはや外部のさまざまな社会による制限を受けなくなった。この統一の過程は、同時に、その広がりにおいても程度においても、凡庸化の進行する過程でもあった。抽象的な空間を持つ市場のための大量生産商品の蓄積は、あらゆる地域的障壁と法的障壁を崩し、職人的な生産の質をとどめていた中世のあらゆる同業組合的制約を破らずにはいなかったが、同様にまた、土地に備わった自律性と質をも解体することになった。この均質化の力こそが、中国のすべての壁を崩壊させた巨大な大砲だったのである。

166

商品の自由な空間が今日、絶えず変更され再構築されるのは、常に自己自身とより強く同一化し、できる限り変化のない単調さに近づくためである。

167

地理的距離を除去するこの社会は、自らの内部で、スペクタクル的分離として距離を取り集める。

168

商品循環の副産物として、一つの消費と見なされる人間的循環、すなわち観光《ツーリスム》が生まれるが、それは結局のところ、本質的に、凡庸化されたものを見に行く余暇である。さまざまな土地を訪れるための経済的整備は、既にそれ自体で、それらの土地の等価性を保証するものである。旅から時間を奪ったのと同じ現代化が、旅から空間の現実性を奪い去ったのである。

169

自分を取り巻くすべてのものを変形する社会は、その任務全体の具体的基盤である自らの領土そのものに働きかけるための特殊な技術を作り上げた。都市計画《ユルバニスム》は、そうした資本主義による自然的・人間的環境の占有である。論理的に、絶対的な支配にいたるまで発展することをやめないこの資本主義は、いまや空間全体を自分自身の舞台装置として作り直すことが可能であるし、またそうせざるをえないのである。

170

都市計画のなかで満たされる資本主義的必要は、生の視覚的凍結として、――ヘーゲルの用語を使えば――「時間の継起における不安な生成」に対する「空間の平穏な共存」の絶対的優位として言い表すことができる。

171

資本主義経済のすべての技術力はさまざまな分離に効果的なものとして理解されねばならないとすれば、都市開発の場合に関わりがあるのは、それらの分離の一般的基礎を備えること、その展開に適した基盤を整備すること、すなわち分離の技術そのものである。

172

都市計画《ユルバニスム》とは、階級権力を救済する不断の任務の現代的完成形態であり、都市的生産条件のために危険を冒して一箇所に集められた労働者たちを分断状態に置いておくことである。労働者の出会いの可能性のどんな側面をも抑えるために恒常的に行われてきた闘争は、都市計画にその特権的な活動の場を見出す。フランス革命の経験以降、市街に秩序を維持する手段を増やすために行われてきたあらゆる既成権力の努力は結局、最終的には市街そのものを除去することで頂点に達する。「長距離間のマス・コミュニケーションの手段が作り出されるとともに、住民の孤立というものが、いっそう効果的な管理方法であることが明らかになった」と、ルイス・マンフォードは『歴史のなかの都市』で、「今日の一方通行となった世界」を描く際に書いている(2)。しかし、都市計画の現実である孤立化という一般的な運動はまた、生産と消費の計画的な必要に応じて、労働者を管理しつつ再統合するものでなくてはならない。システムへの統合は、孤立した個人を全体として孤立した個人として捉え直さなければならないのである。つまり、文化の館としての工場、「巨大アパート」としてのヴァカンス村などは、この擬似的な集団性という目的のために特別に組織されたものであり、そのような擬似的集団性は家庭という独房のなかに孤立させられた個人にもつきまとう。スペクタクル的メッセージの受信機の一般的使用のせいで、そのような孤立は再び支配的なイメージに満たされるようになる。そうしたイメージは、こうした孤立状態のなかでのみ完全な力を得るのである。

173

かつていかなる時代にも支配階級を満足させるためのものにすぎなかった新しい建築が、はじめて、直接、貧しい者たちのために建てられた。この新しい形態の居住経験が、明らかに悲惨なものであるにもかかわらず、途方もなく拡大しているのは、それが大量性という性質を備えているからである。この大量性という性質こそ、新しい建築の目的と現代的な建設条件とが、ともに前提としているものである。領土を抽象化のための領域へと抽象的に整備する独断的決定が、明らかに現代の建設条件の中心にある。建築という点では遅れた国々の工業化が開始されるところにならどこにでも、その国に移植すべき新たな社会的存在様式に適した場として、同一の建築物が現れる。核武装や出生率――それは既に遺伝子操作の可能性にまで到達している――の問題におけると同じくらい明らかに、社会の物質力の増大が限界を超えたこと、そして、この物質の力に対する意識的な支配が遅れていることが、ともに都市計画のなかにさらけ出されているのである。

174

今の時代は、既に都市環境の自己破壊の時代である。都市の爆発による「無定形に巨大化する都市残滓」（ルイス・マンフォード[3]）に覆いつくされた農村の風景は、消費の至上命令に直接的に支配されている。商品の豊かさの第一段階のモデル商品である自動車の独裁は、自動車道の支配というかたちで地面に書き込まれた。それは、古い都心を解体し、常により遠くに分散することを命じるのである。それと同時に、市街地の不完全な再編の諸契機が、更地の駐車場の台座の上に建つ巨大スーパーマーケットという「分配工場」の周囲に、過渡的に集中される。これらの急速消費の神殿はそれ自体、遠心的運動のなかで遠くに追いやられ、それが再び人口過剰の副都心となると、またさらに遠くに押しやられる。というのも、それらは、都市圏の部分的な立て直しにすぎないからである。しかし、消費の技術的組織化は、こうして都市が自らを消費するように導いた一般的解体の最前線に位置するにすぎないのである。

175

経済の歴史は、すべて都市と農村の対立を軸に発展してきたが、それら二項を同時に破棄する成功段階に到達した。全体的な歴史の発展が、現在、麻痺状態にあり、経済の独立した運動だけが追求されているために、都市と農村が消滅し始める時代も、分裂が克服される時代とはならず、それらが同時的に崩壊する時代となってしまっているのである。既存の都市的現実を乗り越えるはずの歴史の運動が衰えた結果として産み出された、都市と農村の相互の衰退は、それぞれの分解された諸要素の選択的混合というかたちで現れ、それが先進工業地域全体を覆っているのである。

176

普遍的な歴史は都市に生まれ、都市が農村に決定的に勝利した時代に成熟した。マルクスは、「ブルジョワジーが農村を都市に従わせ」、農村の空気を解放したという事実を、彼らの最も偉大な革命的偉業の一つと考えた。だが、都市の歴史が自由の歴史であるとしても、それはまた専制政治の自由、農村だけでなく都市そのものをも管理する国家機関の自由の歴史でもあった。都市はいまだ歴史的自由の闘いの場にすぎず、それを所有したわけではないのである。都市は歴史の環境である。というのも、都市には、歴史的企てを可能にする社会権力が集中されているとともに、過去に対する意識も存在するからである。都市を清算しようとする現在の傾向は、それゆえ、歴史意識への経済の従属の遅れ、自分の下から離れてしまった権力を再び取り戻そうとする社会の統一の遅れを、別の仕方で表現したものにすぎない。

177

「農村はまさに正反対の事実、すなわち孤立と分離を表している」(『ドイツ・イデオロギー』[4])。都市を破壊する都市計画《ユルバニスム》は擬似的な農村を再構成する。そこでは、昔の農村の自然的関係も、歴史的都市の直接の、さらには直接的に問題とされる社会的関係も失われてしまっている。現在の「整備された領土」のなかで、居住とスペクタクル的管理の諸条件によって、新たな偽の農民階層が再び作り出されている。空間的分散と偏狭な考え方とは、これまで、農民が独立した行動を企て、創造的な歴史的勢力としての立場を明確にすることを常に妨げてきたが、それらは再び生産者を特徴づけるものとなる。すなわち、彼らが自ら作り出す世界の運動は、農耕社会において労働の自然のリズムが人々の手の及ばぬところにあったのと同じくらい完全に、彼らの手の及ばぬところにあるのである。だがこの農民階層――それこそが、「東洋的専制体制《オリエンタル・デスポティズム》」の揺るぎない基礎であり、それを粉砕するには官僚主義的集権化なしですますことはできなかった——が、現代の国家官僚主義化の発展状況の産物として再び姿を現す時、その無気力が今度は歴史的に作り出され、維持されねばならなくなった。自然な無知は、いまや組織された錯誤のスペクタクルに取って代わられたのである。テクノロジーによって産み出された擬似的農民階層の「ニュータウン」は、その建設の基にあった歴史的時間との断絶を地面の上にはっきりと刻み込む。それらの街のモットーは、「まさにここでは、これから何も起こらないだろうし、今までも何も起こらなかった」というものかもしれない。というのは、まさに都市に与えられるべき歴史が、そこではまだ与えられてはいないからであり、歴史を持たぬ勢力がただ自分だけの風景を作り始めているからである。

178

この黄昏の世界を脅かす歴史は、空間を生きられた時間に従わせることのできる力でもある。プロレタリア革命とはこの人間的地理による批判であり、それを通して個人と共同体は、もはや単に自分たちの労働が横領されていることだけではなく、自分たちの全体的な歴史が横領されていることにも応える風景と事件を構築せねばならない。絶えずかたちを変えるこのゲームの空間、ゲームの規則を自由に選んで変化するこの空間のなかでこそ、場所の自律性を再発見することができる。この自律性によって、再び一つの土地にのみ縛られることなく、旅の現実を、そしてそれ自体のうちに自らのあらゆる意味を持つ旅として理解された生の現実を、取り戻すことができるのである。

179

都市計画《ユルバニスム》に関する最も偉大な革命的思想は、それ自体、都市化されたものでもなければ、テクノロジー的なものでも、美学的なものでもない。それは、労働者評議会権力の欲求、プロレタリアートの反国家的独裁の欲求、そして執行に際しての対話の欲求に従って、領土を完全に構築し直すという決定である。この評議会権力は、既存の状況全体を変えることにおいてしか効力を持ちえないものなので、自らの世界において他の者から認められ、自分自身を認めることを欲するような任務は、いささかも引き受けることはないだろう。

訳注

（1）マキアヴェッリ『君主論』、大岩誠訳、角川文庫、一九六七年、三九頁。

（2）ルイス・マンフォード『歴史のなかの都市』（邦題『歴史の都市　明日の都市』、生田勉訳、新潮社、一九六九年、四一二―四一三頁）。

（3）同右書、四三二―四三七頁を参照。「無定形に巨大化する都市残滓」とは、近代以前の都市のように中心的に構造化された都市ではなく、産業革命以後の都市の無秩序な拡散によって無限定にどこまでも続く都市であり、先の邦訳書において「連担都市」あるいは「連接都市」と呼ばれるもののことである。
（4）『ドイツ・イデオロギー』「I　フォイエルバッハ、〔B〕イデオロギーの現実的土台、〔I〕交通と生産力」、大月版『マルクス・エンゲルス全集』3、四六頁／岩波文庫、七三頁。この文の前半は「都市が既に人口、生産用具、資本、享楽、必要物の集積という事実を示すのに対して」となっている。

Ⅷ　文化における否定と消費

「われわれは政治革命を体験できるまで生きているだろうですって？　このようなドイツ人たちの同時代人であるわれわれが？　私の友よ、あなたはあなたが願わしいと思っていることを信じておられる。（……）ドイツをその現在の歴史に照らして私が判断するとき、その歴史全体が偽造されたものであり、その今日の公の生全体が国民の本来の状態を示すものではない、などと言って、あなたは私に異議を唱えはしないでしょう。あなたは、自分のお好きな新聞を読み、人々が自由を讃美し、われわれのもつ国民的幸福を讃美することをやめてはいない——検閲はそれを止めることを誰にも妨げないと、あなたは認められるでしょう——と納得なされればよいのです。（……）」

ルーゲ（『マルクスへの手紙』一八四三年三月）(1)

180

文化とは、階級に分割された歴史的社会における、知識の、そして経験の表象の一般的領域である。換言すれば、文化とは知的労働の分割と分割という知的労働として、独立して存在する一般化の力である。文化は、「統一の力が人間の生から消え去り、もろもろの対立し合うものが互いの間の生き生きとした関係や相互作用を失って自律性を得た（……）時に」（『フィヒテとシェリングの〔哲学〕体系の差異』[2]）、神話社会の統一性から切り離された。自己の独立性を手に入れることによって、文化は帝国主義的な富裕化の運動を開始するが、その運動は、同時に文化の独立性の衰退でもある。文化の相対的自律性と、そうした自律性へのイデオロギー的幻想とを作り出す歴史はまた、文化の歴史としても表現される。したがって、文化の征服の歴史はすべて、文化の不十分性を暴露する歴史として、すなわち文化の自己抹殺への歩みとしても理解できる。文化とは失われた統一性の探索の場であるが、この統一性の探索において、分離された領域としての文化は、自らを否定することを余儀なくされるのである。

181

歴史的社会において、文化の内在的発展の原理である伝統と革新との間の闘争は、革新が常に勝利することによってしか続かない。もっとも、文化の革新は、まさに全体的な歴史の運動によってはじめてもたらされるのであるが。この歴史の運動は、自らの全体性を意識することによって、それ自体の文化的前提条件を乗り越えるようになり、その結果、あらゆる分離の廃止へと向かうのである。

182

社会の知識の飛躍的発展によって、歴史は文化の核心として理解されるようになってきたが、その発展そのもののなかから、神の破壊によって表現される一つの後戻りしえない知識が取り出される。だが、この「あらゆる批判の基本的条件」はまた、限りなき批判の基本的義務でもある。もはやいかなる行動の規則も保たれえないところでは、文化のそれぞれの結果が、文化を解体する方向に文化を前進させるのである。完全な自律性を獲得した瞬間の哲学のように、自律的となった学問分野はすべて崩壊せざるをえない。まず最初は、社会全体を首尾一貫したやり方で説明できるという思い上がりによって、そして最終的には、自分自身の境界内でしか使用できない部分的な道具となり果てることによって。分離された文化に見られる合理性の欠如は、その文化に消滅を強いる要素である。というのは、そのような文化のなかにも、合理的なものの勝利が、既に要請として存在しているからである。

183
文化は、古い世界の生活様式を解体した歴史から生まれるが、それはいまだ、分離された領域として、部分的にしか歴史的でない社会のなかで部分的な状態にとどまっている知性と感覚的コミュニケーションでしかない。文化とは、あまりに意味のない世界の意味なのである。

184
文化の歴史の終焉は、次のような正反対の二つの側面によって示される。すなわち、全体的な歴史のなかへと文化を乗り越える企てという側面と、そして、スペクタクル的凝視〔＝観想〕のなかで死んだ事物として文化を維持することの組織化という側面である。この二つの運動の一方は、自己の運命を社会批判に結びつけ、他方は階級権力の防衛に結びつけた。

185
文化の終焉のこの二側面はどちらも、知識のどのような面においても、感覚的表象のどのような面においても——かつて最も一般的な意味で芸術〔＝技術〕であったものにおいても――、統一的な仕方で存在する。第一（＝知識）の場合には、断片的知識の蓄積と実践の理論とが対立し合っている。断片的知識の蓄積は、既存の状況を称讃することによって、結局は自分自身の知識を放棄することになってしまうために、役に立たなくなり、実践の理論だけが、あらゆる知識の使用の秘訣を唯一手にすることによって、それらの知識のすべての真理を唯一保持するのである。第二（＝感覚的表象）の場合は、社会の古い共通言語の批判的自己破壊と、商品スペクタクル、すなわち非－経験の幻想的表象のなかでの共通言語の人工的再構成とが対立し合っている。

186

神話社会の共同体を喪失することによって、社会は、無活動な共同体の分裂が真の歴史的共同体の達成によって克服される時まで、真の共通言語の指向対象をすべて失わざるをえない。かつて社会的無活動の共通言語であった芸術は、初期の宗教的宇宙から離脱し、現代的な意味での独立した芸術になるやいなや、分離された作品を個人的に生産するようになり、特殊なケースとして、分離された文化全体の歴史を統率する運動を経験することもある。その運動が自らの独立性を肯定することは、その解体の始まりなのである。

187

コミュニケーションの言語がなくなったという事実、それこそが、あらゆる芸術を解体し、完全に消滅させる現代の運動が積極的に表していることである。この運動が消極的に表しているものは、共通言語を再び見出さねばならないという事実である。それも、もはや一方的な結論——それは、歴史的社会の芸術にとっては、常に遅れて到来し、真の対話なしに経験したことを他人に向かって語り、この生の欠陥を認める——のなかにではなく、直接的な活動と自分自身の言語とを己れのうちに結集する実践のなかにこそ発見せねばならない。詩的‐芸術的作品によって表象されてきた対話の共同体や時間との戯れを、実際に所有することが重要である。

188

独立した芸術が華やかな色彩でその世界を描く時、生の時間は既に老いたものとなっているのであって、華やかな色彩によってもその生の時間は若返らされはせず、ただ思い出のなかで(3)呼び覚まされるだけである。芸術の偉大さは、生の沈静の時にはじめて現れ始めるのである。

芸術のうちに浸透した歴史的時間は、バロック以降、まず芸術の領域そのもののなかで表現された。バロックとは中心を失った世界の芸術である。つまり、〔天上の〕宇宙《コスモス》と地上の政府――キリスト教精神の統一性とローマ帝国の亡霊――のなかに中世が認めていた最後の神話的秩序が崩壊したのである。変化の芸術は、それが世界のなかに見出す束の間の原理を、自らのうちに持たねばならない。バロックは「永遠に反して生」を選んだ、とエウヘニオ・ドールスは言っている(4)。演劇と祝祭、演劇的な祝祭は、バロック的作品が集中的に現れた瞬間であり、その作品のなかで、個別的な芸術的表現はすべて、人工的に築かれた場所の舞台装置《デコール》、すなわち自分自身にとって統一する中心とならねばならない人工的な構築物を参照することによってはじめて意味を持つ。この中心とは、通過点であり、万物のダイナミックな無秩序のなかで脅かされた一つの均衡点として書き込まれたものなのである。今日の美学上の議論においてバロックの概念が獲得した、しばしば過度なまでの重要性は、芸術の古典主義が不可能だと意識されていることを表している。規範的な古典主義あるいは新古典主義のための努力は、この三世紀来、国家のよそゆきの言語――絶対王政やローマ風衣裳を着けた革命的ブルジョワジーの言語――を話す、短期間のまがいものの人工的構築物でしかなかった。ロマン主義からキュビスムまで、バロックの大道をたどったのは、結局のところ、常により個人化されていった否定の芸術であり、それが絶えず自己を更新し、ついには芸術の領域を完全に粉砕し否定するまでにいたったのである。選民《エリート》――その半‐独立的な社会的基盤は、最後の貴族階級がいまだに生きていた部分的に遊戯的な状況のなかにあったが――の内的コミュニケーションと結びついていた歴史的芸術の消滅によって表されているものは、資本主義が、存在論的な質をすべて脱ぎ捨てたと公言する最初の階級権力に出会ったという事実でもある。そしてまた、単なる経済の管理に根ざしたこの階級権力が、いっさいの人間的支配を喪失したという事実でもある。バロック的集合体はそれ自体、芸術的創造行為にとって長い間失われていた統一性の一つであるが、いまや芸術の過去全体を消費することにおいて、何らかのやり方で再びその姿を現す。遡及的に世界芸術に構成された過去の全芸術の歴史的認識と再認識は、それを世界的な無秩序のなかに相対化し、その無秩序が今度はより高度なバロック的大系となる。この建造物のなかでは、バロック芸術の生産物そのものと、そのあらゆる再発形態とが融合されることになる。あらゆる文明とあらゆる時代の芸術が、はじめて、すべて知られ、全体として許されることになるのである。それは、芸術史の「思い出の品々の瞑想＝再収集《ルコレクシオン》」であるが、同時に、それが可能となることで、それは芸術の世界の終焉をも告げるのである。いかなる芸術的コミュニケーションももはや存在しえないこの博物館の時代においてこそ、過去のあらゆる瞬間の芸術がすべて同等のものとして許される。というのは、現在のコミュニケーション一般の条件の喪失のなかでは、それらの瞬間のどれ一つとして、もはや自らの特殊なコミュニケーションの条件の喪失を被ってはいないからである。

190

解体期にある芸術は、いまだ歴史を体験していない歴史的社会において芸術の乗り越えを追求する否定の運動として、変革の芸術であると同時に不可能な変革の純粋な表現でもある。その要求が大きくなればなるほど、いっそう、その真の実現は自己を超えたところに去ってしまう。このような芸術は必然的にアヴァンギャルドなものとなり、芸術は存在しなくなる。芸術のアヴァンギャルドとは、芸術の消滅である。

191

ダダイスムとシュルレアリスムは、現代芸術の終焉を記した二大潮流である。それらは、いかに相対的な意識しかなかったにせよ、プロレタリアートの革命的運動の最後の大攻勢と同時代のものである。そして、このプロレタリアートの運動の失敗こそ、ダダイスムとシュルレアリスムとを、それら自身がまさに失効を宣告していた芸術の分野に閉じ込め、この二つの運動を停滞させた本質的理由だったのである。ダダイスムとシュルレアリスムとは、互いに歴史的に結びついていると同時に対立し合っている。この対立——それこそがまた、彼らの貢献の最も根源的で最も一貫した部分でもあるのだが——のなかに、どちらも自分の側からしか発展させられなかった批判の内的不十分性が現れている。ダダイスムは芸術の実現なしに芸術を破棄しようとした。そして、シュルレアリスムは、芸術を破棄することなく芸術を実現しようとした。シチュアシオニストがそれ以降、入念に作り上げてきた批判的立場は、芸術の破棄も実現も、同じ芸術というものを乗り越えるために不可分な両面であることを明らかにした。

192

昔の文化——何度も現れては常に体制に回収されてきた、その否定の表出をも含めて——を凍ったまま保存するスペクタクル的な消費は、いまや公然と、スペクタクルの文化部門のなかでスペクタクル的な消費というもの全体が暗黙に含んでいるもの、すなわち伝達不可能なもののコミュニケーションと化した。そこでは、言語の徹底的な破壊が、公認の積極的な価値として率直に認められることもある。というのも、重要なことは、モノの支配的状態——そのなかでは、あらゆるコミュニケーションの不在が喜んで宣言される——との和解を掲げることだからだ。現代詩と現代芸術の現実の生としての破壊が持つ批判的真理は、もちろん隠されている。なぜなら、文化のなかで歴史を忘れさせる働きをするスペクタクルは、そのモダニズム的手段の擬似的な新しさのなかにも、自らを根底において支えているその戦略そのものを適用するからである。こうして、書かれたものをそれ自体において凝視することを単に認めるだけの新《ネオ》文学の一流派が、新しい流派だと自称することも可能になる。一方、伝達可能なものの解体の自己充足的な美を単に宣言するだけのもののすぐかたわらで、スペクタクル的な文化の最も現代的な――そして社会の一般的組織の抑圧的実践と最も強く結びついた――傾向は、「総合的作品」によって、分解された諸要素から新芸術の複雑な環境を再構成しようとする。とりわけ、芸術の残骸や美学とテクノロジーの雑種的混合物を都市計画のなかに統合しようとする探究に、それが明瞭に看て取れる。これは、細分化された労働者を「集団に完全に統合された人格」――最近のアメリカの社会学者（リースマン[5]、ホワイトら[6]）が描いた傾向――として捉え直すことをめざす発達した資本主義の一般的計画を、スペクタクルの擬似的文化の面で表現したものにすぎない。どこでも同じ、共同体なき再編の企てがなされているのである。

193

完全に商品と化した文化は、スペクタクル社会の花形《スター》商品[7]となる運命にある。この傾向の最も進んだイデオローグの一人であるクラーク・カーは、知識の生産・分配・消費の複雑なプロセスが、既にアメリカ合衆国の年間国民生産の二九パーセントを占めていると計算した。そして彼は、今世紀の後半には文化が経済発展の主導的役割――それは、今世紀の前半に自動車が、そして前世紀の後半に鉄道が果たしていた役割だった――を担うに違いないと予見している。

194

今日、スペクタクルの思考として発展し続けている知識の全体は、正当性のない社会を正当化し、虚偽意識の一般的科学として自らを構成せざるをえない。この思考は、スペクタクルのシステムのなかにある自らの物質的基礎を思考できず、思考したいとも思っていないという事実に、完全に条件づけられている。

195

外観を社会的に組織する思考はそれ自体、それが擁護する低-コミュニケーションの一般化によって蒙昧化する。この思考は、自らの世界のあらゆるモノの起源には衝突があったのだということを知らない。スペクタクルの権力――応答なきその言語システム内部の絶対権力――の専門家たちは、軽蔑と軽蔑の成功を経験することによって、絶対的に腐敗した。というのも、彼らは、自分たちの軽蔑が、実際は観客《スペクタトゥール》にほかならない軽蔑すべき人間の認識によって追認されるのを再び見出すからである。

196

スペクタクルのシステムの完成そのものが新たな問題を惹き起こすにつれて、そのシステムの専門化された思考のなかで新たな任務分担が行われる。一方では、スペクタクルのスペクタクル的な批判が現代の社会学者たちによって着手される。彼らは、分離について、分離そのものが産み出した概念的・物質的道具の助けだけを借りて研究する。他方で、構造主義の定着したさまざまな学問分野で、スペクタクルの擁護が無-思考の思想となり、歴史的実践の忘却に魅了される。しかしながら、非弁証法的な批判の偽りの絶望も、システムの純粋な宣伝の偽りの楽観主義も、ともに従順な思考として同じものなのである。

197

現在の発展が惹き起こした生存条件を、まずアメリカ合衆国で議論し始めた社会学は、多くの経験的データをもたらすことができたかもしれないが、それ自身の対象の真理はまったく認識していない。なぜなら、この社会学は、己れのうちに社会学自体を内在的に批判するものを見出さないからである。その結果、この社会学の率直に改良主義的な潮流は、道徳や良識、発すべき時宜を完全に逸した声明などに依拠するしかない。そのような批判方法は、自分自身の世界の中心にある否定性を知らないのであるから、一種の否定的な余剰の描写に終始するしかない。この否定的な余剰は、社会学者にとっては、非合理な寄生虫の増殖のように、世界の表面を埋め尽くす嘆かわしいものに見えるのである。この憤慨した善意は、その性質から言っても、システムの外に生じた結果だけしか非難できないはずなのに、自らの前提と自らの方法の本質的に擁護的な性格を忘れてしまって、自らを批判者だと信じ込んでいるのである。

198

経済的に豊かな社会での浪費の扇動は愚かで危険であると断罪する人々は、浪費が何に役立つのかを知らない。彼らは、体制の非合理な良き番人を、経済的合理性の名において恩知らずにも非難するが、この番人がいなければ、この経済的合理性の権力そのものが崩壊してしまうことだろう。たとえばブーアスティンは、『幻影の時代』[8]のなかで、アメリカのスペクタクル的な商品消費を記述しているものの、彼はスペクタクルという概念に決して到達しない。なぜなら彼は、私生活や「まともな商品」という概念を、惨事と言えるほどの商品の膨張の外に置いておくことができると思っているからである。彼は、商品そのものが法則を産み出し、その「まともな」適用こそが、私生活の異なる現実を産み出すとともに、イメージの社会的消費によって私生活そのものを最終的に再征服してしまうのだということを、まったく理解していないのである。

199 ブーアスティンは、われわれに疎遠になった一つの世界の過剰性を、われわれの世界に疎遠な過剰性として描いている。だが彼が、イメージの表面的な支配を、心理学的・倫理的判断の言葉で、「われわれの常識外れな期待」[9]の産物と形容する時、その彼が暗に参照している社会生活の「正常な」基礎なるものは、彼の書物においても彼の時代においても、いかなる現実性も持たない。ブーアスティンがイメージの社会の深さ全体を理解できないのは、彼の語っている現実の人間の生とは、彼にとって宗教的忍従の過去をも含めた過去のなかにあるからである。この社会の真理とは、この社会の否定以外の何ものでもないのである。

200 独立して機能する産業的合理性を社会生活全体から隔離することができると信じている社会学は、場合によっては、複製と伝達の技術とを包括的《グローバル》な産業の運動から隔離しさえする。それゆえ、ブーアスティンは、自分の描くさまざまな結果の原因として、あまりに巨大なイメージ伝播技術装置と、擬似‐センセーショナルなものに対する現代人のあまりに強い好みとの、半ば偶然の不幸な出会いを見出すのである。こうして、現代人があまりに観客《スペクタトゥール》的であるということが原因でスペクタクルが生まれたのだとされる。ブーアスティンが告発する捏造された「擬似的な出来事《イヴェント》」(10)の増殖は、現在の社会生活の大衆的現実のなかで、人間自身が出来事を生きていないという単純な事実から生じているのだということを彼は理解していない。歴史そのものが現代社会に亡霊のように取り憑いているからこそ、現在の凍った時間の脅かされた平衡を守るため、人々は生の消費のあらゆるレヴェルに、人工的に構成された擬似的な歴史を見出すのである。

201

歴史的時間の短い氷河期の決定的停滞を肯定することこそが、構造主義的体系化に向かう現在の傾向の基礎にある——それは、意識的、無意識的に表明される——ことは否定しえない。構造主義の反歴史的思想が取る観点は、かつて作り出されたこともなければ決して終わることもないシステムが永遠に存続するという観点である。いかなる社会的実践《プラクシス》をも最初から意識しない構造の独裁の夢は、言語学と民族学が（さらには資本主義の機能の分析が）練り上げてきた構造モデルから誤って引き出されたものであるが、これらのモデル自体が、既にそうした状況のなかで誤って理解されたものであった。というのも、すぐに満足してしまう中間管理職の大学的思考、すなわち既存のシステムに対する諸手を上げた称讃に完璧に陥ってしまう思考は、まったく浅はかにもあらゆる現実をシステムの存在に帰してしまうからである。

202

歴史的社会科学においては常にそうであるが、「構造主義の」概念カテゴリーを理解するには、概念カテゴリーというものがさまざまな生存形態と生存条件を表現しているのだということに常に留意しておかねばならない。個人の価値を、その個人が自分自身をどう考えているかによって判断することはできないのとまったく同じように、一定の社会を、それがその社会自体について語る言葉を議論の余地なく真に受けることによって判断する――さらには称讃する――ことはできない。「このような変革の時期を、その時代の意識から判断することはできないのであって、むしろ、この意識を、物質的生活の諸矛盾(……)から説明しなければならないのである」(11)。構造とは現在の権力の娘である。構造主義は国家によって保証された思想であり、それはスペクタクルの「コミュニケーション」の現状を一つの絶対として思考する。メッセージのコードをそれ自体として研究する構造主義の方法そのものが、位階的秩序を形成する大量の記号という形でコミュニケーションが存在する、社会の産物にほかならず、それを再確認したものにすぎない。したがって、構造主義はスペクタクルの社会の歴史横断的な有効性を証明するのには役立たない。むしろ逆に、大衆的現実として権勢をふるっているスペクタクルの社会が、構造主義の冷たい夢を証明する手立てとなるのである。

203

おそらく、スペクタクルという批判概念は、すべてを抽象的に説明して非難する政治‐社会学的レトリックの空疎な決まり文句のようなものに通俗化され、スペクタクルの体制を擁護するのに使われることもあるだろう。というのは、いかなる観念も、既存のスペクタクルの彼方にまで行くことはできず、単にスペクタクルについての既存の観念の彼方に行くことができるだけだということは明らかだからである。スペクタクルの社会を実際に破壊するためには、実践の力を行動に移す人間が必要なのである。スペクタクル批判の理論は、社会のなかの否定的実践の流れと一体となることによってはじめて真実のものとなる。この否定、すなわち、革命的階級闘争の奪回は、スペクタクルの批判を発展させることで自己を意識するようになるだろう。このスペクタクル批判こそが彼らの現実的条件、すなわち現在の抑圧体制の実践的条件を説明する理論であり、その抑圧体制がどのような姿を取りうるかという秘密を逆に暴露するのである。この理論は労働者階級の奇跡を期待しない。それは、プロレタリアートの要求の新たな定式化とその実現を、息の長い任務として考察する。理論闘争と実践的闘争とをいくら人工的に区別しても——というのは、ここでの定義にもとづくならば、そのような理論の構築そのものも、その伝達も、既に厳密な実践なしには考えられないからだが——、批判理論の暗く困難な歩みが、同時に、社会全体に働きかける実践的運動の運命ともなることは確実である。

204

批判理論は、それ自身の言語で伝達されなければならない。それは矛盾の言語であり、内容において弁証法的であるのと同様に、形式においても弁証法的でなければならない。この言語は、全体性に備わった批判の言語であり、歴史的批判の言語である。それは、「エクリチュールの零度」ではなく、エクリチュールの逆転だ。それは文体《スタイル》の否定ではなく、否定の文体なのである。

205

弁証法理論の提示（＝論述）は、それを提示する様式《スタイル》＝文体そのものにおいて、一個のスキャンダルであり、支配的言語の規則にとっても、その規則によって教育された趣味にとっても、嫌悪すべきものである。なぜなら弁証法理論の提示（＝論述）は、既成概念を積極的に利用しつつ、同時にその流動性を再発見する知恵も、必要な場合にはそれを破壊する知恵も含み持っているからである。

己れ自身に対する批判をも含み持った弁証法理論のこの様式《スタイル》=文体は、現在の批判がその過去すべてを支配しているということを表現しなければならない。この様式《スタイル》=文体によって、弁証法理論の提示法は、その理論のなかにある否定の精神を示すのである。「真理とは、道具の痕跡がもはや見えない生産物のようなものではない」(ヘーゲル)。理論が運動について持つこのような意識——そのなかにも運動の痕跡が存在するはずであるが——は、諸概念の間に確立した関係の逆転と、過去の批判が獲得したすべてのものの転用(détournement)によって示される。文法的属格を逆転させることは、かつてはヘーゲルの風刺詩《エピグラム》形式と見なされていた、思考形式のなかに書き込まれたさまざまな歴史的革命の表現である。若きマルクスは、フォイエルバッハが体系的に使用していた方法にならって、主語と述語の置き換えを推奨したが、やがて貧困の哲学から哲学の貧困を引き出すような、反乱の文体を最も一貫して使用するようになった。転用の方はといえば、それはもっともな真理に固まってしまった、すなわち嘘に変じてしまった過去の批判のさまざまな結論を転覆する。キルケゴールは、既にそれを意図的に用いて、そこに彼の告発を盛り込んでいた。「けれども、君はどんなに手を変え品を変えしても、結局は、くだものジュースがいつも行きつくところは食物貯蔵室だというのと同様に、ちょっとした短い言葉をそのなかに織り混ぜているね。その言葉は君自身のものではないけれど、しかし、それらの言葉はそれらが呼び覚ます思い出のためにやっかいを惹き起こすのです」（『哲学的断片』[12]）。公式の真理へと偽造されたものに対して距離を取る必要から、〔言葉の〕転用のこのような利用が行われる。同じ書物のなかで、キルケゴールはこう述べている――「わたしが自分の言葉のなかに人から借りた話を混ぜているといって非難する、君の数々の当てつけについて、一言だけ付け加えておきましょう。わたしは、ここでそれを否定しもしないし、わざとそうしたことも否定しません。また、この小冊子の次の号――それを書くとしての話ですが――では、対象をその本当の名前で呼び、問題に歴史の衣裳を着けるつもりがあるということも、隠そうとは思いません」[13]。

207

観念はどれも改善される。言葉の意味はそのことに与る。剽窃は必要である。進歩はそれを前提とする。それはある作者の文に密着し、その諸表現を用い、何か偽りの観念を消し去って、正しい観念で置き換える[14]。

208

転用とは、引用や、引用されるようになったというただそれだけの理由から常に偽造される理論的権威とは正反対のものである。それは、自己のコンテクストや自己の運動から、そして最終的には、包括的参照枠としての自らの時代からも、また正しく認識したものであれ錯誤によるものであれ、その参照枠の内部でのかつての的確な選択からも切り離された断片である。転用とは、反‐イデオロギーの流動的言語なのである。それは、自らを保証するものが自らのなかに――決定的に――あるとは断言できないことを自覚したコミュニケーションのなかに現れる。極端な場合、それは、批判を超えた古い参照枠にはその存在すら確認できない言語である。むしろ逆に、この転用の一貫性――それ自身のうちでの、また実践可能な事実との――によって、それが蘇らせた真理の古い核が確認される。転用は、現在の批判としてのその真理の外部に自らの根拠を置いたことは決してないのである。

209

理論的定式化のなかで、転用されたものとして公然と現れ出てくるものは、既に述べられた理論の領域の安定した自律性をすべて否定するとともに、この否定の暴力によって、既成秩序を攪乱しそれをすべて除去するような行動を介入させる。だが、まさにそのことによってそれは、この理論的なものの存在がそれ自体では何ものでもなく、歴史的行動と、それに真に忠実に従った歴史の修正によってはじめて認められるべきだということを想起させるのである。

210

文化を現実に否定することによってのみ、文化の意味を保存することができる。文化の否定はもはや文化的ではありえない。文化の否定が依然として文化のレヴェルに何らかのやり方でとどまるのだとすれば、そのようにしてであるが、その場合、文化という言葉はまったく異なる意味で理解せねばならない。

211

文化批判は、矛盾の言語のなかで統一的なものとして現れる。つまり、それは、文化全体を――その知識をもその詩をも――支配するものとして、また社会全体に対する批判ともはや分離できないものとして現れるのである。この統一的な理論的批判だけが、統一的な社会的実践を迎え入れることができる。

訳注

（1）マルクス『ユダヤ人問題によせて／ヘーゲル法哲学批判序説』「一八四三年の交換書簡」、城塚登訳、岩波文庫、一九七四年、一〇一、一〇七頁。ルーゲ（Arnold Ruge 一八〇二―八〇年）は、ヘーゲル左派に属するドイツの哲学者。一八四四年、パリでマルクスと二人の共同編集による『独仏年誌』――その第一―二号合併号にはマルクスの「ユダヤ人問題によせて」と「ヘーゲル法哲学批判序説」が掲載された――を刊行したが、その後マルクスと別れ、晩年は国家主義に転向し、ビスマルクを弁護し、ドイツ統一に尽くした。

(2) ヘーゲルの『フィヒテとシェリングの哲学体系の差異』(一八八一年)では、これは「文化」ではなく「哲学」についての記述である。そこでは、「統一の力が人間の生から消え去り、もろもろの対立し合うものが互いの間の生き生きとした関係や相互作用を失って自律性を得た時に、哲学に対する欲求が生じる」と書かれている。これもまた、ドゥボールによるヘーゲルの「転用」の例である。ドゥボールは、ヘーゲルが「彼の哲学の始原状況をはじめて提示した著作」(マルクーゼ『ヘーゲル存在論と歴史性の理論』吉田茂芳訳、一九八〇年、未来社)である『フィヒテとシェリングの哲学体系の差異』から「哲学」を切除し、「文化」に「転用」したのである。ちなみに、このヘーゲルの「引用」はマルクーゼのこの書物の冒頭に現れる。

(3) ヘーゲルに対する全体的な「転用」の例。ヘーゲルは『法の哲学』の「序文」の終わりにこう書いている。「哲学がその理論の灰色に灰色を重ねて描く時、生の一つの姿は既に老いたものとなっているのであって、灰色に灰色ではその生の姿は若返らされはせず、ただ認識されるだけである。ミネルヴァの梟は、黄昏がやってくるとはじめて飛び始める」(『法の哲学』、『世界の名著35　ヘーゲル』岩崎武雄訳、中央公論社、一九六七年、一七四頁)。

(4) エウヘニオ・ドールス (Eugenio d'Ors 一八八二―一九五四年) スペインの作家、美術史家。その著書『バロック論』(成瀬駒男訳、筑摩書房、一九六九年、一一六頁) には、「バロック精神は絶望的に叫ぶ。

『運動に栄えあれ、くたばれ理性！』あるいは『生に栄えあれ、くたばれ永遠！』と」とある。
（5）デイヴィッド・リースマン（David Reisman 一九〇九—二〇〇二年）アメリカ合衆国の社会学者。『孤独な群衆』（一九五〇年。邦訳、加藤秀俊訳、みすず書房、一九六四年）によって現代アメリカの大衆社会状況批判を行った。
（6）ウィリアム・ホリンズワース・ホワイト（William Hollingsworth Whyte 一九一七—九九年）アメリカ合衆国の社会学者。『オーガニゼーション・マン』（一九五六年。邦訳『組織のなかの人間』（上）岡部慶三・藤永保訳、（下）辻村明・佐田一彦訳、東京創元社、一九五九年）によって組織の物神化を批判し、個人主義の復権を唱えた。
（7）クラーク・カー（Clark Kerr 一九一一年—）アメリカ合衆国の労働経済学者。『インダストリアリズム』（一九六〇年、共著）によって、労使関係および産業化の国際比較を行い、一国の経済発展が少数の「動的エリート」層によって開始されるとし、そのモデル化を行った。
（8）ダニエル・J・ブーアスティン（Daniel J. Boorstin 一九一四年—）アメリカ合衆国の歴史家、社会学者。『幻影の時代』（一九六二年。邦訳、星野郁美・後藤和彦訳、東京創元社、一九六四年）で、マスコミの製造するイメージの社会的影響を「擬似イヴェント」論として展開。一九六一—六二年にパリのソルボンヌに新しく設けられたアメリカ史講座の主任教授を務めた。
（9）同右書「序章」、一一頁。
（10）同右書「第一章　ニュースの取材からニュースの製造へ——擬似イヴェントの氾濫」、一五一頁以下。
（11）マルクス『経済学批判』、大月版『マルクス・エンゲルス全集』13、七頁／大内力ほか訳、岩波文庫、一四頁。

（12）『キルケゴール著作集』6、大谷愛人訳、白水社、一九六二年、二一五頁。
（13）同右書、二三一頁。
（14）この第二〇七節は、全体がロートレアモンの「ポエジーII」の文字通りの「剽窃」であり、ドゥボールの言う「転用」の例である。『ロートレアモン伯爵——イジドール・デュカス——全集』豊崎光一訳、白水社、一九八九年、三二八頁。

IX 物質化されたイデオロギー

「自己意識は、他の自己意識に対して即自的にかつ対自的に存在している時、またそのことによって、即かつ対自的に存在する。すなわち、自己意識は、他の自己意識から承認されたものとしてのみ存在するのである。」

ヘーゲル『精神現象学』[1]

212

イデオロギーとは、葛藤に満ちた歴史の流れのなかでの、階級社会の思考の基礎である。イデオロギー的事実はこれまで、決して単なる妄想などではなく、現実に対する歪んだ意識であったが、その性質上、逆に、現実の事物を実際に歪める働きをする現実的要因ともなってきた。それだけにいっそう、自律化した経済生産の具体的成功によって惹き起こされるイデオロギーの物質化は、社会的現実と、自らをモデルにすべての現実を裁断し直すことのできたイデオロギーとを、スペクタクルの形式のなかで実践的に融合するのである。

213

普遍性と普遍性の幻想の抽象的意志であるイデオロギーは、現代の社会において、幻想が普遍的抽象化を行い、実際に社会を独裁的に支配することによって正当化されている。だが、その時、イデオロギーとは、もはや細分化の主意主義的な闘争ではなく、細分化の勝利なのである。その結果、イデオロギー的主張が一種の無味乾燥な実証主義的厳密さを獲得し、イデオロギーとは、歴史的選択ではなく、自明の事実と化してしまう。そのようにしてイデオロギーが肯定されるなかで、個々のイデオロギーの特殊な名称は消失してしまった。体制《システム》に奉仕する本来的にイデオロギー的な労働が占める部門でさえ、もはや自己を、あらゆるイデオロギー現象を超えたものたらんとする、一つの「認識論的基盤」の再確認としてしか認識しない。物質化されたイデオロギーは、言葉にしうる歴史的綱領を持たないのと同様に、それ自体の名も持たない。つまりさまざまなイデオロギーの歴史は終わったということなのである。

214

イデオロギーの内的論理はすべて、イデオロギーをマンハイム的な意味での「全体的イデオロギー」[2]の方へと、つまり、硬直化した全体に関する擬似的な知――全体主義的ヴィジョン――として自己を押しつける断片の独裁の方へと向かわせてきたが、いまやそのイデオロギーは動きを失った非歴史的なスペクタクルにおいて完成される。その完成は、しかし同時に社会全体におけるイデオロギーの解体でもある。この社会が実践的に解体するとともに、イデオロギーという、歴史的生への道を閉ざしている最後の不条理も消え去ることになるのである。

215

スペクタクルはすぐれてイデオロギー的なものである。というのも、それは、あらゆるイデオロギー・システムの本質――現実の生の貧困化、隷属、否定――を余すところなく示して見せるからだ。スペクタクルとは、物質的に、「人間と人間の間の分離と隔たりを表現」したものである。そこに集約された「新しい詐欺の力」は、スペクタクルの生産のなかに自らの基礎を持ち、この生産によって、「対象の量が増すとともに（……）人間が隷属する疎遠な存在の新しい領域もまた増大する」のである。これは、欲求を生に反する方向にねじ曲げた拡張の最高段階である。「それゆえ、貨幣に対する欲求は、国民経済によって産み出された真の欲求であり、また国民経済が産み出す唯一の欲求である」（『経済学・哲学手稿』[3]）。スペクタクルは、ヘーゲルがイェーナでの「実在哲学」[4]のなかで貨幣の原理として着想した原理を、社会生活全体にまで拡大する。それは、「それ自体において活動する、死んだものの生」である。

216

『フォイエルバッハに関するテーゼ』（それは観念論と唯物論との対立を超えた、実践における哲学の実現である）のなかで要約されている企図とは逆に、スペクタクルは、唯物論と観念論双方のイデオロギー的特徴を保存し、その世界の擬似的具体性のなかでそれを押しつける。世界を表象と見、活動とは見ない古い唯物論――それは結局、物質を理念化する――の観想＝凝視的側面がスペクタクルにおいて完成され、そこで具体的なさまざまな事物が自動的に社会生活の主人となる。一方、観念論が夢見る活動もまた、スペクタクルのなかで、記号や信号の技術的媒介によって達成される。がしかし、それらの記号や信号も結局のところ抽象的な理念を物質化したものにすぎないのである。

217

ガベル（『虚偽意識』[5]）が立証したイデオロギーと精神分裂病との間の類似性は、イデオロギーを物質化するこの経済プロセスのなかに置いて見なければならない。イデオロギーがかつて果たしていた役割を、いまでは社会が果たすようになったからである。実践からの切断、それにともなう非弁証法的な虚偽意識、それらこそがスペクタクルに服した日常生活に恒常的に課せられているものである。そして、それは、「出会いの能力の喪失」[6]を体系的に組織化したものとして、また出会いを社会的な幻覚事象——出会いの虚偽意識、「出会い幻想」[7]——によって置き換えたものとして理解されねばならない。もはや唯一人として他者から認められることのないような社会においては、各個人は自分自身の現実をも認めることはできなくなる。イデオロギーは安泰で、分離が己れの世界をうち建ててしまったのである。

218

ガベルは、「精神分裂病の臨床像は、全体性の弁証法の退廃（その極端な例が人格遊離《ディソシアシオン》）と生成の弁証法の退廃（その極端な例が緊張病《カタトニー》）との間に深い繋がりがあることを示している」[8]と書いている。周囲をスペクタクルのスクリーンに限られた平板な宇宙のなかに閉じ込められ、そのスクリーンの背後に己れの生を強制的に追放させられてしまった観客の意識は、自分の商品や自分の商品の政治について一方的に語る虚構の対話者しかもはや知ることはない。スペクタクルとは、その広がりのすべてにおいて、この観客の意識の「視鏡症《シーニュ・ド・ミロワール》」なのである。ここで上演されているものは、一般化された自閉症からの偽の出口なのである。

219

スペクタクルとは、世界の存在‐不在に取り憑かれた自我が解体することによって生じる自我と世界との境界の消失であるが、それはまた、生きられた真理をすべて、外観の組織化によって保証された虚偽性の現実存在の下に抑圧することによって、真‐偽の境界をも消し去ってしまう。それゆえ、自分にとって日常的に疎遠な運命を受動的に被っている者は、さまざまな魔術的技術に訴えることで、錯覚的にこの運命に抵抗する狂気の方へと追いやられることになる。商品の承認と消費は、応答なきコミュニケーションに対するこうした擬似的応答の中心に存在する。消費者が感じる模倣の欲求はまさに、彼らの本質的非所有のあらゆる側面に条件づけられた、子供じみた欲求なのである。ガベルがまったく別の病理学的レヴェルに適用した言葉を使えば、「異常なまでの表象の欲求は、ここでは実存の余白にいるという堪え難い感覚を埋め合わせる」のである。

220

虚偽意識の論理がそれ自体として真に認識されることはありえないのだとすれば、スペクタクルについての批判的真理の探究は同時に真の批判でなくてはならない。そのためには、スペクタクルの和解不可能なさまざまな敵に囲まれて実践的に闘い、そうした敵のいないところにはそうした探究も存在しないのだということを認めねばならない。直接的有効性に対する抽象的な意志が、改良主義か擬似革命的な屑どもの共同行動の危険に身を投じる時に認めるのは、支配的思想の法則、現状に対する排他的な見方だけだ。そこでは、錯乱を打ち砕くと自認するまさにその立場のなかに錯乱が再構成されてきた。逆に、スペクタクルの彼方にまで達する批判は、待つことを知らねばならない。

221

逆転された真理の物質的基盤から自己を解放すること、そこにこそわれわれの時代の自己解放がある。この「世界のなかに真理を確立する歴史的任務」を達成するのは、孤立した個人でも、原子《アトム》化され操られるがままの群衆でもない。それを成し遂げることができるのは、依然としてなお、全権力を疎外なき形態の民主主義の実現に向かわせることによってあらゆる階級を解体する能力のある階級、すなわち実践的理論がおのずと調整され行動に移される評議会しかない。ただそこでのみ、個人は「普遍的歴史（＝世界史）に直接結びつく」ことができる。ただそこでのみ、対話が、自分自身の状況に勝利をもたらすために武器を取ってきたのである。

訳注

（1）ヘーゲル『精神現象学』（§141）、『ヘーゲル全集』4、金子武蔵訳、岩波書店、一八三頁／『世界の大思想』12、樫山欽四郎訳、河出書房、一九六六年、一一五頁。

（2）カール・マンハイム（Karl Mannheim 一八九三―一九四七年）ユダヤ系ドイツ人の社会学者。ナチス政権成立以前のドイツで、マルクス主義における上部構造と下部構造の関係に修正を加え、マルクス主義そのものをも一つのイデオロギーと捉えようとする立場から知識社会学の建設に努力した。「全体的イデオロギー」とは、個人的心理や利害から相手の理念を歪曲して受け取る「部分的イデオロギー」に対立するもので、敵対者の世界観全体を、その個人的心理だけでなく、彼の属する集団や社会状況によるものと捉える、構造的なイデオロギー概念である。

（3）『一八四四年の経済学・哲学手稿』「第三手稿」、「必要、生産および分業」、大月版『マルクス・エンゲルス全集』40、四六八頁／『経済学・哲学草稿』、岩波文庫、一四九―一五〇頁。

（4） 一八〇三年の冬学期以降、イェーナ大学でヘーゲルが講義した自然哲学と精神哲学を彼自身が後に自ら総称して「実在哲学」と呼んだ。

（5） ジョゼフ・ガベル（Josephe Gabel 一九一二年― ）ハンガリー生まれの精神科医で、後に社会学に転じたフランスのマルクス主義者。『虚偽意識』（邦訳、木村洋二訳、人文書院、一九八〇年）は、一九六二年に出版され、マルクスとルカーチの物象化-疎外論と、彼の師事したミンコフスキーの精神病理学とを結合したものとして、当時の思想界に大きな影響力を及ぼした。

（6） 同右書、二八八頁。「出会いの能力の喪失」とは、物象化された論理（病的合理主義）、全体性の解体などとともに、現存在分析における分裂病の一連の理論的解釈を構成するものである。

（7） 同右書、二八頁。

（8） 同右書、七七頁。

訳者解題　付「シチュアシオニスト・インタナショナル」の歴史

一九六七年秋に出版されたギー・ドゥボールの『スペクタクルの社会』は、一九五〇年代から七〇年代初頭まで、フランスをはじめイタリア、ドイツ、オランダ、北欧などヨーロッパ各地で芸術・文化・社会・政治の統一的批判を実践した集団「シチュアシオニスト・インタナショナル」(フランス語では「アンテルナシオナル・シチュアシオニスト」。ともに、シチュアシオニスト(状況派)のインタナショナルという意味。彼ら自身の定義によると、「状況《シチュアシオン》」の構築を実践するシチュアシオニストは存在するが、主義としてのシチュアシオニスムは存在しない。以下、彼らが用いた英語の略号ＳＩを用いることがある)の最もまとまった理論的成果である。歴史上類を見ぬ大量消費社会の到来によりすべてが「商品」に支配され、マスメディアの急速な発達は、人々の生も死も、社会的関係そのものまでをもメディアが描く「見世物的な《スペクタキュレール》」イメージのなかでしか存在を許さなくなった。こうして「スペクタクル」と化した現代社会において、それとの闘いは、生産ではなく消費、労働ではなく余暇をめぐるものとなり、そのフィールドは工場ではなく日常生活の場、特に都市の空間である。そしてその主体は、生産に従事する工場労働者ではなく、「スペクタクル」化した都市生活の疎外に最も露わに晒されている大量の第三次産業の労働者とその予備軍としての学生、社会の周縁に追いやられた失業者、移民、女性、精神障害者らマージナルな者たちである。既存の左翼や組合が闘争のヴィジョンも幸福のヴィジョンも体制が与えるイメージを通してしか描けなくなってしまった今、この「スペクタクル」の社会とのまったく新しい闘争は「犯罪の様相」を帯びてくる……。

　こうした内容を一面で持つ本書は、その直後に起こった一九六八年フランスの「五月革命」を「予言」した本として有名になった。「五月革命」は、「商品」の豊かさを享受している先進資本主義国では、第三世界の独立闘争のような大規模な叛乱は起きえないだろうと誰もが――政府や体制派の知識人から、既存の左翼や新左翼まで――思っていたところに突然爆発した闘争であり、その主体は伝統的左翼や組合の統制を離れた学生・労働者らの無数の行動委員会であり、その主題は、賃上げと労働時間の短縮という欺瞞的な体制内変革ではなく、日常生活の管理体制そのものへの大々的な異議申立てであったからだ。『スペクタクルの社会』は、こうした「五月革命」の意味をその発生以前から唯一正確に理解していた書物として、また「五月革命」に実際に参加し、そのなかで最も過激な理論を提出したＳＩの書物として、翌年にはイタリア語、続いて英語、ドイツ語などの言語に翻訳され、六〇年代末から七〇年代にかけての労働者や学生の世界的な叛乱に影響を与えた。また、現代世界を「スペクタクル」の支配する世界と捉えるその思想は、その後も現在まで、高度資本主義社会を根底的に批判する最も先駆的かつ基本的な書物として評価されている。

著者のギー・ドゥボールは、一九三一年、パリに生まれたフランス人で、一九四〇年代末にレトリスム運動（一九四八年、フランスに亡命したルーマニア人イジドール・イズーがシュルレアリスムの停滞と体制内化に反発して創始したアヴァンギャルド芸術運動で、文字《レットル》と絵画の境界を廃した境界横断的な芸術表現を追求し、その適用分野は絵画、小説、さらに映画にまでいたる）に参加するが、イズーの神秘主義的傾向と非社会化に反発して、一九五二年、数名の若者とともに新たに「レトリスト・インタナショナル」（フランス語では「アンテルナシオナル・レトリスト」。以下、LIと略すことあり）を結成し、統一的な社会・文化批判を強めていった。そしてその活動の成果の上に、ヨーロッパの他の同様の潮流とともに、一九五七年、「シチュアシオニスト・インタナショナル」を設立、その後一九七二年に組織を解散するまで一五年にわたり一貫してその中心メンバーとして活動した。

ドゥボールは、レトリストの時代からシチュアシオニストの時代、さらにその後も現在まで、全部で六本の映画、既存の文章の「転用」のみで成りたつ画文集、アリス・ベッケル＝ホーと共同で考案した戦争ゲーム、自伝的著作など、数々の作品や著作をものし、また、LIの機関誌『ポトラッチ』やSIの機関誌『アンテルナシオナル・シチュアシオニスト』のための文章や、運動のための文書類を数多く発表している。これらの著作のなかで、『スペクタクルの社会』は、彼の理論的分野での唯一の完成した著作として、また発表の瞬間からあらゆる者によって言及・引用・注釈される運命を持った古典的書物として、独自の位置を占めている。

第一に、『スペクタクルの社会』はその形式において独自である。二二一の断片（断章）の積み重ねという叙述形式は、「大きな物語」であれ「小さな物語」であれ、物語という単一の流れのなかにすべてを巻き込むスペクタクルの社会において、スペクタクルのなかに回収され物語として消費されることを拒むために採られた戦術だ。シチュアシオニストがしばしば採用するこの断片という形式は、彼ら自身が述べていることだが、大学の博士論文のように厳かに「前進」して単一の結論に予定調和的に——スペクタクル的に！——収斂するのではなく、断片から断片へ文章が鏡のように反映し合い、互いが弁証法的な対話を交わす。この断片においては、結論はある意味であらかじめ決まっている。『スペクタクルの社会』の場合、「スペクタクル」を破壊するという明確な立場から書かれているからだ。だが、それは閉じられた書物ではない。断片相互のあいだに残された空白は読者が埋めねばならない。読者が社会のスペクタクル的状況から自らの身を引き剝がし、工場や大学、街頭や日常生活のあらゆる場でこれらのテーゼを実践的に利用することではじめてこの本は完結するのだ。一九六九年の『アンテルナシオナル・シチュアシオニスト』誌第一二号では、「これは何一つ欠けるところのない本だ、一つあるいは数多くの革命を除いては」と述べられている。その意味で、『スペクタクルの社会』という本は道具としての本、武器としての本である。読者はこの本を前に受動的な観客であることをやめ、その断片形式のテーゼを自分流にアレンジし、「スペクタクル」の社会との闘争の場に赴くことを呼びかけられている。

同時に、これは増殖する本でもある。フランスだけでなく世界各地で、実際にこの本はパンフレットやビラ、さらにはコミックなどのかたちで――ほとんどの場合、無断で――引用・転用され、著者の手を離れて街頭に飛び出して行った。この「無断」転用は、「著作権」というブルジョワ的権利を拒否するシチュアシオニストがむしろ自ら奨励していたやり方で、その機関誌すべての表紙の裏に、「『アンテルナシオナル・シチュアシオニスト』に発表されたすべてのテクストは、出典を明記しなくとも、自由に転載、翻訳、翻案することができる」と書かれている。ドゥボール自身もこの本を増殖させている。彼は、この本をもとに映画(『スペクタクルの社会』、一九七三年、九〇分)を作り、さらにその映画への反響に対する反論の映画(『映画「スペクタクルの社会」に関してこれまでになされた毀誉褒貶相半ばする全評価に対する反駁』、一九七五年、二五分)まで製作した。さらに、本書の「緒言」で述べられているように、一九七九年に新たなイタリア語版への序文『「スペクタクルの社会」イタリア語版第四版への序文』を書き、また「五月革命」の二十周年にあたる一九八八年には『スペクタクルの社会についての注解』というかなりの分量の本を発表して、一九六七年の『スペクタクルの社会』をその都度補足している。

それらのなかで、彼は、「スペクタクル」という概念規定そのものには本質的な修正は加えず、それぞれの時点でのスペクタクルの現象的変化について述べている。メディアの権力化、経済と政治の融合、社会全体での政治的なものの隠蔽、政治のマフィア化、権力の公然たる嘘による社会支配、「歴史の終焉」という言葉で語られる永遠の現在という虚構……こうしたスペクタクル状況の深化を示す全体的傾向のなかで、一九七九年の『序文』で強調されている変化は、スペクタクルが差し出すモノの価値についての変化である。すなわち、スペクタクルはもはやかつてのように人々に価値あるものを示すのではなく、価値の優劣を問わず何もかもを一緒に示して人々の満足を得るようになった。スペクタクルはかつてのように「現れるものは善く、善きものは現れ出る」とは言わずに、ただ単に「それはこんな風である」と言うだけだ。だが、まさにそれこそが、スペクタクル状況の全体化とスペクタクルの権力の無軌道な肥大化を保証する。一九八八年の『注解』のなかでは、「スペクタクルの権力」そのものの胎内から産まれ出た「メディアの過剰」という現状を強調し、「この二十年間に起きたあらゆることのうち最も大きな重要性をもつ変化は、スペクタクルの連続性そのものにある」として、スペクタクルの支配が人々の生活の時間と空間のすべてを覆いつくした点を確認している。そして、この「スペクタクルの支配」によって育てられ、スペクタクルの法に完全に屈服した世代のなかに、現時点でのスペクタクルの権力が許容するものと禁止するもの、すなわち現在のスペクタクルの権力の等身大の肖像を看て取っている。重要なことは、ここでドゥボールが、『スペクタクルの社会』での二分法――ソ連や中国のような国々の「集中的スペクタクル」と合衆国を典型とする先進資本主義諸国の「拡散的スペクタクル」――に修正を加え、以後二つのタイプのスペクタクルが「統合的スペクタクル」という単一のスペクタクルのもとに収斂すると、理論的修正を加えていることである。この「統合的スペクタクル」は、世界的な市場経済の発展の結果、「集中的スペクタクル」も「拡散的スペクタクル」もそれぞれ独立した存在であることが不可能になり、二つの性格のスペクタクルが相互浸透することによって生まれたものだ。それは、既に七九年の『序文』で述べられていたスペクタクルの肥大化の論理的帰結だが、その直後の世界の進行を予言した点で注目に値する。ソ連と東欧社会主義の崩壊の過程においても、これらの地域がその後にたどりつつある道においても、何よりも強く働いていたものはまさにこの「統合的スペクタクル」のプロセスである。

こうした部分的な修正を超えて、『スペクタクルの社会』での現代社会の本質規定は、それが発表されて二十数年を経た現在もいまだにその有効性を失っていない。それどころか「スペクタクルの社会」という規定は、現在の権力のメディア支配下の戦争である湾岸戦争、冷戦終結後の民族衝突、国連の名のもとに実行される戦争行為、西欧ブルジョワジーのイデオロギーである「人権」をかざして行われる欺瞞的な紛争解決、外国人を排除した新たな「市民権」のもとでのヨーロッパの排他的統合などを説明するのにますます有効な理論である。九二年の「緒言」のなかでドゥボール自身も自負しているが、それは徹底した「代理＝表象《ルプレザンタシオン》」批判——運動における代理制と社会を支配する表象を同時に破棄すること——の武器である「スペクタクル」という概念が、五〇年代末の高度資本主義の開始期から六〇年代末の高度資本主義社会の矛盾が噴出した時期まで彼らが一貫して行った、政治と文化を結合する独自の実践活動のなかから産み出された概念であったからにほかならない。

「スペクタクル」という概念がボードリヤールやリオタール（二人は、かつて直接・間接にドゥボールと接触している）らの「ポストモダン」の思想と決定的に異なるのは、この実践のレヴェルにおいてだ。「ポストモダン」が、今や大文字の「歴史＝物語《イストワール》」も古典的なマルクス主義の文脈で語られる主体という概念も、さらには「現実／非現実」という二項対立までもが無効になったという理由から、現実の歴史過程や変革の主体の問題を捨象するのに対して、「スペクタクル」は、いかに「現実」を「非現実」化するかに見えても、国家の政策として、産業として、人々の社会的関係として現実に——物質的に——日々再生産されているがゆえに、「スペクタクル」の権力を破壊するという歴史的立場性、そのための歴史的主体の条件の考察、要するに歴史への接合——「状況《シチュアシオン》」の構築——を実現する実践のレヴェルを抜きにしては語れない。「スペクタクル」も「ポストモダン」も、「表象」がその指示対象である「モノ」から独立し、かつての資本主義の「商品」の流通回路とは別の「情報」や「イメージ」だけの流通回路が出現したという認識を同じように持つという点で、ともに高度資本主義社会のさらに発展形態である「情報資本主義」社会とも言うべき時代を対象としているが、「ポストモダン」の思想家が「実践」の意義を認めないのに対し、シチュアシオニストは「スペクタクル」の支配を打ち破る実践として「状況の構築」をあくまでも追求する。シチュアシオニストは思想を思想として考察する分離された思想家でも、政治を政治として追求する党派でも、独立した領域としての芸術を実践する芸術家でもない。彼らは、芸術と日常生活の革命、文化革命と政治革命を一体のものとして追求し、それを「構築された状況」のなかで統一的に実現しようとした。「スペクタクル」という概念は、こうした彼らの実践を根拠づけるとともに、文化と政治にまたがるシチュアシオニスト独自の実践活動の中から産まれ出た思想である。『スペクタクルの社会』を活用するのは、あくまでそれを受け取る読者一人一人の仕事だが、『スペクタクルの社会』を産み出したシチュアシオニストの実践の歴史を知ることは、この本の活用にとって意義がある。そのため、「シチュアシオニスト・インタナショナル」の歴史を簡単に振り返ってみよう。

*

「シチュアシオニスト・インタナショナル」の歴史は、大きく分けて二つの時期からなる。

一九五七年の創設から六一年までの第一期と、六二年から六八年を頂点として七二年に解散するまでの第二期である。第一期が文化批判を基調としたのに対し、第二期は政治批判に傾斜し、「五月革命」でシチュアシオニストが実践に積極的に参加していったことで頂点を迎える。だがこの二つの時期は厳密に区別できるものではなく、第二期のシチュアシオニストの活動のなかには第一期の理論と実践の成果が溶け込み、第一期の活動のなかにすでに第二期の活動を説明する理論的実践的活動の多くがなされている。そしてこれら二つの時期のSＩの活動を特徴づけるもの、その発想の基本的なものは、既に、それ以前にドゥボールが行っていた「レトリスト・インタナショナル」の活動のなかに見出される。

前史　「レトリスト・インタナショナル」　一九五二—五六年

「レトリスト・インタナショナル」が結成された一九五二年という年は、一九五〇年代の米ソの冷戦の開始、ソ連の社会主義の変質という国際情勢のなかで、マーシャル・プランによって戦後復興を完了したフランスが、驚異的な経済成長を迎え、国内的には大量消費社会の到来による人間の疎外状況が次第に進行していった時期である。すでに、アンリ・ルフェーヴルが、一九四八年の『日常生活批判序説』のなかで、この疎外状況をマルクス主義とサルトル流の実存主義的観点から先駆的に批判していたが、ドゥボールらもまたこの高度資本主義下の日常生活に批判の矢を向ける。

そのため彼らは様々な活動をするが、なかでも、生の解放には、それを直接取り巻く環境である都市を解放しなければならないという考えから、彼らの中心課題は都市計画批判《ユルバニスム》に据えられる。その批判は主に、当時隆盛を極めていたル・コルビュジエらの機能主義建築と、古い市街を破壊して無軌道に増殖する大都市の計画なき都市計画に対するものだった。どちらも、そこに住む人間の生の解放に貢献しないだけでなく、逆に都市という人間の環境を効率や経済活動といった資本の要請からのみ考察するがゆえの批判である。こうした都市環境の貧困または偽の豊かさに対して、LIのメンバーたちは実存主義的な反抗をしたり虚無のなかに陥るのではなく、新たな都市計画を積極的に提唱する。それは、何より人間の心理的要素と新しい生のスタイルを最大限重視し、資本の要請に抵抗する拠点としての解放の都市計画であり、「統一的都市計画《ユニバニスム・ユニテール》」として後にシチュアシオニストがその活動の基本綱領とするものである。この都市の構築のために、現代の新しい技術と芸術が活用されるが、それらの技術や芸術は単なるテクノロジーや現代芸術ではなく、もはや独立した——他から分離された——ジャンルのものではない。芸術は建築物の単なる装飾ではなく、技術は生活を便利にする道具ではない。芸術も技術もこの新しい都市の構築と不可分な一体となってはじめて意味を持つ。レトリストにとっては芸術家も技術の専門家も存在しない。それらは、まったく新しい都市の構築のなかで乗り越えられるべき対象なのである。

ジル・イヴァンは、一九五三年にLIの会合で提出し、彼らがその機関誌『ポトラッチ』と並んでしばしば文章を発表していたベルギーのシュルレアリスト、マルセル・マリエン主宰の雑誌『裸の唇』第六号（一九五五年）に掲載された「新たな都市計画のための理論定式」（後に『アンテルナシオナル・シチュアシオニスト』誌第一号に再録）のなかで、この新しい都市について次のように書いている。

建築は時間と空間を分節し、現実を変形し、夢を見させるための最も単純な方法だ。とはいえ、束の間の美の表現である単なる造形の分節と変形だけの問題ではない。人に影響を及ぼす変化が問題であり、この変化は人間のさまざまな欲望とそれらの欲望の実現における進歩とが描く永遠の曲線のなかに書き込まれる。明日の建築は、それゆえ、時間と空間の今の理解の仕方を変更する方法となるだろう。それは、認識の方法にして行動手段となる。建築物の集合体も変更しうる。その外観もそこの住民の意志によって部分的もしくは完全に変化させうるだろう。（……）

心の病が惑星全体に行き渡ってしまった。凡庸化という病だ。誰もが製品と快適な生活のとりこになっている。下水設備、エレベーター、浴室、洗濯機といった具合に。

こうした現状は貧困への抗議から生まれたものだが、そのはるかな目的――物質的心配からの人間の解放――を超えて、即時的なものに取り憑いたイメージとなってしまった。どの国の若者も、愛とオートマティックのダストシュートを秤にかけ、ダストシュートの方を選ぶ。精神を完全に一変しなければならない。忘れられた欲望を明るみに出し、まったく新たな欲望を作り出すことによって。そして、これらの欲望を讃える徹底的なプロパガンダを行うことによって。

われわれは既に、次の文明が築かれる基礎となる欲望の一つとして、状況を構築する必要を指摘した。この絶対的創造の必要は、これまで常に、建築、つまり時間と空間と戯れることとの必要と密接に混ざり合っていたのだ。

ここで主張されている「時間と空間の分節」としての建築物、造形ではなく欲望の場としての街区(「建築の集合体」)、「まったく新たな欲望」の創出、これらはすべて「状況を構築する」ことという言葉に要約される。後にシチュアシオニストにとって中心課題となる「状況の構築」という考えが、既に一九五三年の段階で現れており、LIの都市計画の基本概念となっていたのである。

ドゥボールはこれより早く、一九五二年の『アンテルナシオナル・レトリスト』誌第二号に、「限界を持つ形態の遊びを超えて、断固として、新しい美は状況のものとなるだろう」と書き、彼の関心が、イジドール・イズーらのレトリスト右派が行っていた個々の「形態」と戯れるだけの造形「芸術」を破棄し、その「限界」を超えたところに構築される「状況」にあることを明確に述べていた。また、一九五四年の『ポトラッチ』誌第七号には、ドゥボールら七名の署名で書かれた巻頭論文のなかで、「状況の構築」という言葉が次のように明確に定義されている。

状況の構築は、熟慮の末に選んだ偉大な遊びを連続的に実現するものとなるだろう。それは、悲劇の登場人物なら二十四時間で死んでしまう舞台装置や争いの場面を、次々と渡り歩くことなのだ。むろん、生きる時間ももはや不足してはいない。

この総合には、われわれがその根本原理を把握している、行動様式の批判、影響力のある都市計画、環境と人間関係の技術のすべてが活用されねばならないだろう。シャルル・フーリエが情念の自由な遊びのなかで示していた類まれなる魅力を恒常的に再発明せねばならないのだ。

こうして練り上げられてきた「状況」という概念は、やがて、「シチュアシオニスト・インタナショナル」の設立を契機に、より厳密に定義され、現代社会を批判する第一の武器となってゆく。「状況」は、シチュアシオニストにとって、人間がそのなかで生きる政治的・社会的環境といった受動的な場ではなく、体制を批判する異物として社会のなかに意識的に積極的に構築すべき時空間であり、パリ・コミューンを模範とし、六八年のパリのバリケード空間において実現されるだろう。一九五八年に発行された機関誌『アンテルナシオナル・シチュアシオニスト』第一号によると、「構築された状況」は、「統一的な環境と出来事の成り行きを集団的に組織することによって具体的かつ意図的に構築された生の瞬間」と定義される。それは歴史から切り離された現代社会の個人が、集団的に自らの歴史的生を取り戻す時間であり、そのために都市のなかに創出される拠点としての具体的な空間である。そこでは、「集団」的で意識的な闘争の側面が前面に押し出されることになる。

レトリストの時代にはまだここまでの過激さは見られぬが、こうした「状況の構築」のために、彼らは様々な具体的提案をすることによって「状況の構築」という理論の内実を積み重ねてゆく。その一端は、『ポトラッチ』誌第二三号に掲載された「パリ市の合理的美化計画」に窺える。終電以降のメトロを開放し通路に照明を施す、公園の夜間開放（照明なし）、教会を廃止し「お化け屋敷」に転用する。美術館の廃止、美術品を解放しそれらを街頭や酒場に展示する、監獄への外部の人々の自由な出入りの実現、キリスト教聖人の街路名（「聖《サン》ミシェル」、「聖《サン》ジェルマン」など）や政治家の街路名の変更、人々を過去に繋ぎ止める墓地の廃止、グラン・パレやプティ・パレなどの醜悪な記念碑的建造物の破壊、彫像の廃止もしくはそこに付された言葉の変更（例えば、第一次大戦期の首相クレマンソーの彫像には「クレマンソーと呼ばれる虎」、シテ島のノートル・ダム広場には「大深淵」の名を付す）……これらの提案のなかには、教会、監獄、美術館などブルジョワジーの政治的・文化的支配装置への攻撃と、夜間に閉鎖されるメトロや公園から都市の記念碑、街路の名、偉人の眠る墓地まで、日常レヴェルで人々の思考や行動、さらに記憶までをも無意識に組織するイデオロギーへの攻撃がなされている。「状況の構築」のためには、空間をブルジョワ的に組織することで人々の生活をブルジョワ的に組織するこうしたブルジョワジーの都市計画を批判することから始めなければならない。そして、既存の都市の奥深く入り込み、その正確な地図を作成するとともにその都市の弱点を探し出さねばならない。ＬＩがそのために編み出した方法が、「心理地理学」と「漂流」もしくは「偏流」と呼ばれる活動である。

「心理地理学（phychogéographie）」は、ドゥボールの論文「都市地理学批判序説」（『裸の唇』誌第六号、一九五五年所収）によると、「意識的に整備されたものか否かを問わず、地理的環境が、諸個人の情動的な行動様式に対して直接働きかけてくる、その正確な法則と厳密な効果を研究すること」と定義される。それは具体的には、都市における個人の行動パターン、住民がそれぞれの地域に対して持つ心理的イメージ（悲しい街、幸せな街など）、異なる地区の心理的関係、ある地域への接近の方法、二点間の最短距離、都市における心理的切断線、都市のパサージュ・出口・防衛点など、状況の構築に役立つ正確な地図を作成することである。先の「序説」のなかでは、ドイツのハールツ山脈をロンドンの地図に従って歩くことや、都市の心理地理学的な地図を製作すること（これは後に、シチュアシオニストの時代になって、ドゥボールの『心理地理学的パリ・ガイド』、アブデルハフィド・ハティブの「レ・アールの心理地理学的描写の試み」などの体系的な作品として実現する）などを提案している。

こうした都市の心理的分節《アーティキュレーション》を探究するため、彼らは、客観的な地図や統計的・社会学的調査の成果を用いるのではなく、都市へのダイナミックな介入としての「漂流（dérive）」という方法を用いた。「漂流」とは、本来の道筋（rive）から逸《そ》れて（dé-）成り行きに任せて自由に漂うという意味で、「脱線」、「偏向」、「偏流」などとも訳される言葉だが、ドゥボールの「漂流の理論」（一九五六年の『裸の唇』誌第九号所収、後に一九五八年の『アンテルナシオナル・シチュアシオニスト』誌第二号に再録）によると、「都市生活の諸条件に結び付いた実験的な行動様式、すなわち、変化に富んだ環境のなかを素早く通過する技術。漂流の概念は、心理地理学的性質の効果を認めること、また、遊戯的‐創造的行動を肯定することと分かちがたく結びついており、その点において、それは旅や散策のような古典的概念とまったく逆のものである」と定義されている。この「漂流」の理論に基づき、ドゥボールたちは、パリの街の忘れられた地域や労働者街、駅の構内や夜の市場などを歩き回って都市の心理地理学的調査を行い、その綿密な報告——夜の酒場での不思議な出来事やパリの各区で同時に開始した複数の「漂流」の顚末など——を行っている。「漂流」によって、人は日常の生活から切り離されて、地図やメディアによる常識とは違った行動と心理の新しい可能性を発見することができる。「漂流」は、シュルレアリストの唱える「客観的偶然」の発見のための散策でも、日本のネオ・ダダの後継者が提唱した「路上観察学」なるものでもない。シュルレアリスト的な「偶然」は、現代の社会では無意識のうちに体制の保守的意識に絡め取られてしまい、「路上観察学」は懐古的意識に根ざしたものにすぎず、体制の都市計画に対して無力だからだ。「漂流」は、これらと異なりダイナミックで意識的な行動である。それは、「状況」の構築という明確な目的を持つ行動であり、そのための日常秩序との意識的な切断なのである。

「心理地理学」や「漂流」とともに彼らがこの時期に「状況の構築」のために用いたもう一つの方法がある。「転用（détournement）」と呼ばれるその方法は、単なる一つの方法というよりもむしろ彼らの様々な方法全体を支える方法論である。物をその本来あった場所から逸脱させること、本来の方向を逸らすことを意味するこの言葉は、「ハイジャック」や「横領」といった意味でも用いられるが、ここでの意味は「流用」、「転用」といったところだ。それは、既存のものの意識的な引用、位置ずらしによって、それまで意識されていなかった側面を暴露することだが、デュシャンのモナリザの髭のように単に権威を貶めるだけの行為ではなく、むしろブレヒトの異化のように教育的で、積極的な価値を産み出すものでなくてはならない。それゆえ「転用」は単なる引用やコラージュ、パロディではない。彼らが、パスカルやヴォーヴナルグの文章や科学雑誌・百科事典の「剽窃」によって新たな「詩学」を作ったロートレアモンを自分たちの先駆者とすることからも解るように、それはブルジョワ的私的所有にまっこうから敵対し、「状況の構築」のための新しい価値を産み出す「剽窃」なのである。「転用」の最も有名な例は、プルードンの「貧困の哲学」を「哲学の貧困」と転倒したマルクスであることは『スペクタクルの社会』でも述べられている通りだが、レトリストたちも最初は、これを「コミュニケーションの未来にとって決定的なもの、すなわち文の転用」(『アンテルナシオナル・レトリスト』誌第三号)のレヴェルで、ショッキングな効果のあるプロパガンダの道具として用いた。だが一九五六年の『裸の唇』誌第八号のドゥボールの「転用の使用法」では、「転用」は体系化され、より一般化されて、文のレヴェルから、文学作品全体のレヴェル、映画(人種主義者の映画を転用して反差別の映画を製作する)、建築、小説や音楽のタイトル(『英雄交響曲』のタイトルを、例えば『レーニン交響曲』とする)、衣服や歴史の現実(衣服の意味の無根拠性、また「赤軍」という名は最初、ヴァンデ地方の王党派叛徒が名乗っていた名である)のレヴェルまで拡大されている。

この「転用」を用いた実際の作品も多く作られた。ジル・ヴォルマンは「メタグラフィ」と称して、文字や文をコラージュ風に転用した作品を数多く作り、『私はきれいに書く』というタイトルの「転用された物語」(それは、いくつかの小説を糊と鋏で切り貼りして作られた完全に「転用」だけでできた物語だ）まで「書いて」いる。文字と文の「転用」は、後にシチュアシオニストの時代にさらに活発化し、ドゥボールが「転用」の技術的指導をしたアスガー・ヨルンの作品『コペンハーゲンの終わり』（一九五七年）では、フランス語、ドイツ語、英語、オランダ語、デンマーク語にまたがり、小説から、広告、地図、ワインのラベル、新聞の天気予報、コミック、「自由アルジェリア万歳」などの落書にいたるまでの広い領域からの「転用」がなされている。サンドペーパーで覆われた挑発的装丁のドゥボールの作品『回想録』（一九五九年）でも同様に、雑多なジャンルの文や語、コミック雑誌や地図、広告、写真などの「転用」によって一九五二年から五三年の時期のドゥボールの回想録が作られている。

この時期からSIの時代にかけて作られたドゥボールの二つの映画、一九五二年の『サドのための絶叫』と一九五九年の『比較的短い時間単位内の数人の通過について』にも、この「転用」の組織的活用が見られる。前者は、五つの声が各々『民法典』の条文、ジョイスの小説の文章、新聞の三面記事などを読み上げ、画面はその間ずっと真っ白なままだ。言葉が途切れると画面は闇に転じ、沈黙の時間がしばらく続く。九〇分にわたる上映のあいだ、この「転用」された声と沈黙、空虚な画面と闇が交互に続くのである。ここに示された映像の拒否、ジョン・ケージを思わせる「沈黙」の導入、言葉のブレヒト的な異化は、すべて観客の幸福な意識を攻撃し、スペクタクルを受動的に消費するのではなく、現実の

「状況」を積極的に作り出すことを呼びかけている。『……通過について』では、『サドのための絶叫』のような「反映画」の様相は姿を消し、複雑な映像構成が現れる。そこには、パリの市街、観光名所、カフェなどの映像や、テレビ・コマーシャル、写真などの映像、白い画面、黒地に白く書かれた文字などが映し出され、これらの映像に重なって、男女二人の無機的な声が古典的思想家やSF小説、社会学の論文から転用した文章を読み上げ、スピーカーから流れる第三の声がニュース記事を読み上げるが、映像と声とは一致しない。言葉の転用、映像のコラージュ、映像と音の不一致、後にゴダールが盗用するこうした手法で撮られたこの映画もまた、映画によるスペクタクル社会批判であり、観客の受動的な意識に揺さぶりをかける。ドゥボールは、「スペクタクルの社会」を転覆するために映画という「スペクタクル」的な言語を用いるが、ゴダールのように「反映画」を「映画」によって搾取するのではなく、「映画」を反転させて現実に向かわせることを最重視していた。『サドのための絶叫』の初上映の際、ドゥボールは映画開始直前に舞台に出て、「フィルムはない。映画は死んだ。もうフィルムはありえない。さあ、討論に移りましょう」と発言することになっていたが、このことは、彼が映画をあくまでも「状況の構築」という目的のための一手段と考えていたことを示している。

映画を通して現実の観客に呼びかける手段となった「転用」は、LIの都市計画においても積極的に活用され、「状況の構築」のための重要な役割を担う。先に述べた、彫像の銘や街路名の変更、教会の転用などは、まさにこの手法の現実への適用である。ドゥボールらは、このほかにも壁への落書、例えば、ルノー自動車工場の壁に、ある作家の「君たちはパトロンのために眠っているのだ」という言葉を書いたり、街の壁に「夜、革命」、「決して労働するな」と書いたりする実践を組織的に行っている。「エクリチュールの役割」と題した文章で報告されているこの活動は、六八年に「壁は語る」という言葉が生まれる十年以上前のドゥボールたちの発明である。

「状況の構築」、「心理地理学」、「漂流」、「転用」、これらの言葉を合い言葉に、LIの若者たちは積極的に街頭へ出ていった。そして、作品の発表だけではなく現実の行動によっても、彼らは集団でさまざまなスキャンダルを巻き起こした。「スキャンダル」という名の直接行動は、「状況の構築」を阻害する者を暴露し、それに実際に打撃を与えると同時に、レトリストの理念を広めるのに最適の形態である。むしろ、現実から分離された「作品」を認めぬ彼らにとっては、「スキャンダル」という行動こそが作品だったのだった。イズーの「レトリスム」から分かれてLIが作られることになった直接の契機も、そもそも一九五二年のチャップリンのフランス訪問に反対するドゥボールらの抗議行動にあった。ドゥボールらレトリスト左派は、メロドラマ『ライムライト』を携えてフランスにやって来たチャップリンの欺瞞性を攻撃するために、パリのオテル・リッツに押し寄せ、「平底靴はおしまいだ、ゴーホーム・チャップリン」というタイトルのビラを撒いて糾弾した。

これを契機に、「状況の構築」か現状内での「形態の遊び」かをめぐり、レトリストのあいだで分岐が鮮明化し、イズーらレトリスト右派は運動から脱落、ドゥボールら左派はLIを結成したのである。その後も、一九五四年、ランボー生誕百年祭でのランボーの彫像建立への抗議行動（この行動は当初、シュルレアリストとの共同行動として計画されたが、レトリストがビラのなかにレーニンの言葉を転用したためにシュルレアリストが離反し、LI単独の行動となった。これを契機に、レトリストはシュルレアリスト批判を強めてゆく）、一九五五年、ロンドンの中国人街を「道徳的」理由から廃止することを提案した「タイムズ」紙への抗議、一九五六年、マルセイユの「アヴァンギャルド芸術フェスティヴァル」ボイコット運動（ル・コルビュジエ設計の「輝く都市」で、マルセイユ市など多くの公的機関と観光業者の援助によって開催されたこのフェスティヴァルは、体制側からの五〇年代アヴァンギャルド芸術の大々的な回収の試みだった）、彼らの行動は次第に活発化していった。

こうした行動によってLIは、次第に運動としての政治性を獲得し、単なる芸術批判から芸術・文化・政治の全領域での批判へと、その活動の幅を広げてゆく。そして、除名という手段で組織の思想的統一を図るとともに、運動の拡大のために他の国の同様の諸潮流と密接に連絡を取っていった。

当時、イタリア北部の都市アルバでは、アスガー・ヨルンやコンスタントら元コブラのメンバーらが、イタリア人ジュゼッペ・ピノ＝ガリッツィオの工房を拠点に、ジャンルの境界を廃したアヴァンギャルドな芸術運動「イマジニスト・バウハウスのための国際運動（MIBI）」を展開していた。「コブラ（COBRA）」とは、デンマークのコペンハーゲン、ベルギーのブリュッセル、オランダのアムステルダムの頭文字を合わせた名で、第二次大戦中これらの地域でレジスタンスに参加した者たちが、戦後、シュルレアリスムの反動化と神秘主義化を乗り超えるために結成した芸術家集団である。一九五六年、このMIBIの呼びかけでアルバで開かれた「第一回自由芸術家世界会議」には、LIら八か国の組織が参加した。そこでの討論と交流を踏まえて、翌一九五七年七月二十七日、イタリア北西部インペリア県の小村コシオ・ダロシアで、アスガー・ヨルンらの「MIBI」、ラルフ・ラムネーの「ロンドン心理地理学委員会」、「レトリスト・インタナショナル」の三組織を母体にした「シチュアシオニスト・インタナショナル」が結成されたのである。

第一期　芸術批判から日常生活の革命的批判へ　一九五七―六一年

シチュアシオニストが運動を開始した一九五〇年代の終わりから六〇年代初めにかけてのヨーロッパでは、飛躍的な経済成長が達成され、大量消費社会が本格化し、街には車やテレビがあふれ、あちこちでニュータウンや高層ビルの建設が進められていった。当時の芸術状況は、シュルレアリスムが完全に破産して珍奇なモードとして体制に回収され、豊かな社会のなかでの反抗の身振りとしてダダの二番煎じであるネオ・ダダがマスコミの注目を浴びていた。その一方で、ジャン・ティンゲリーやイヴ・クラインら若い芸術家たちは、廃物彫刻や無意味な機械、アクション・ペインティングによって芸術の解体を身をもって実践し、大量消費社会の空虚と閉塞状態を表現していた。

こうしたなかで、シチュアシオニストは、商品の爆発によってますます貧しくなってゆく日常生活の批判を強化しつつ、「転用」の技術を武器に、「芸術」の乗り越えを実践する様々な「作品」を産み出してゆく。これには、理論には欠けていたが多くの実験的な芸術活動を続けてきたアスガー・ヨルンやコンスタントなど元コブラのメンバーや、イタリアのピノ＝ガリッツィオが運動に加わったことが大きかった。

ヨルンは、この時期、絵画における転用の例として、蚤の市で買ってきた自然主義的な風景画のなかに子供が描いたような筆致で巨大なアヒルを色鮮やかに描き込んだ『不安なアヒル』（一九五九年）などの一連の作品「転用絵画」を作っている。また、ピノ＝ガリッツィオは「工業絵画」と名付けた「作品」を数々と産み出していった。「工業絵画」とは、オートメーションの機械から吐き出される布に次々と描かれる絵画で、でき上がった「作品」はその場で切売りされる。これは、工業的有用性を無意味化すると同時に唯一の「作品」という概念も無意味にし、さらに「絵画」を額縁から解放して、「状況」の構築のために利用する点で、卓れてシチュアシオニスト的な「作品」である。

ドゥボールもこの時期、先に挙げた『……通過について』のほかに、『分離の批判』（一九六一年）という映画を作っている。この映画も、『……通過について』と同様に、映画論、言語学などの様々な文章の転用（それは声と字幕の両方で示される）と、コミック、身分証明書写真、新聞、他の映画などの映像の転用によって作られているが、声と字幕と映像は完全に無関係でも完全に調和しているのでもなく、それらの作り出す微妙な関係のなかからまったく新しい意味が産み出されている。それは、映画言語への批判的考察であり、「スペクタクル」社会の非コミュニケーション状況の批判である。

こうして、シチュアシオニストは実「作品」によって、日常生活批判と「状況」の構築の作業を進めてゆくが、この時期の理論活動において特徴的なことは、レトリスト時代の「新しい都市計画」が「統一的都市計画」として新たな概念規定をされ、次第にそれが運動の中心を占めてゆくことである。一九五七年のコシオ・ダロシアでのSIの設立大会に提出されたドゥボールの「状況の構築と、シチュアシオニスト・インタナショナル潮流の組織条件と行動条件についての報告」によると、「統一的都市計画」は、第一に、環境の完全な構築のために芸術と技術の全体を活用する一種の総合芸術である。言い換えれば、シチュアシオニストにとって、独立した領域としての芸術も個人としての芸術家も、都市計画という総合芸術のなかで破棄される。第二に、それは人間の行動様式と深く結び付いた「ダイナミック」なものでなくてはならない。「ダイナミック」とは、街区と人間の心理的感情とが互いに影響を及ぼし合うというフーリエ的な意味であり、この「ダイナミック」な街区の創造のために「心理地理学」と「漂流」の成果が生かされる。第三に、この都市計画では「遊び」の要素が最大限重視される。シチュアシオニストの「遊び」は、スポーツやゲームのように資本主義を支える競争原理に従う遊びでも、疎外された労働の裏返しにすぎない疎外された余暇の気晴らしでもない。それは、行動におけるシチュアシオニストの「道徳的選択」だとも言われている。日常生活と芸術活動、労働と余暇とを区別せず一体の活動として進める時に、その行動スタイルは「遊び」という言葉でしか表しえない。

この「統一的都市計画」はシチュアシオニストの最も中心的な概念となり、一九五八年のドゥボールとコンスタントによる「アムステルダム宣言」によってSIの「最低限綱領」として確認され、一九五九年にはアムステルダムに「統一的都市計画のための研究所」が開設される。だが同時に、それを機に文化と政治の関係をめぐりシチュアシオニストのあいだで議論が起こり、文化革命派と社会革命派とのあいだの分岐が顕在化しはじめる。一九五九年、ミュンヒェンでのSI第三回大会では、「統一的都市計画」をそれ自体として追求し、「創造者」としての芸術家の独立を主張するコンスタントらと、「統一的都市計画」はあくまでも社会革命の一部であり、そのなかで個人としての芸術家はありえないと主張するドゥボールらとのあいだで論争になり、この分岐は一層深まった。この大会以降、アムステルダムのシチュアシオニストは、教会の建築や体制派の都市計画への参加を理由に除名・脱退が相次ぎ、「統一的都市計画のための研究所」は「統一的都市計画事務局」と名前を変えてアムステルダムからロンドンに移された。

一九六〇年のロンドンでの第四回大会では、SIはそれまでの国ごとの組織の連合体であることをやめ、最高議決権を持つ大会とそれが選出する中央評議会というかたちに組織形態を変更した。同時に、その「最低限綱領」を「統一的都市計画」から「日常生活の革命的批判」を軸とした「新たな文化の探究」に拡大し、「芸術」の領域だけではなく、日常生活全体に関わる文化・社会の領域へと活動の幅を広げていった。この時期から、シチュアシオニストの政治的発言や活動は活発化していく。

SIは既に設立の当時からアルジェリア革命とアルジェリア民族解放戦線(FLN)への支持を明確にしていた(『アンテルナシオナル・シチュアシオニスト』誌第一号「フランスの内戦」)が、一九六〇年には、フランスの芸術家や知識人による反戦声明「アルジェリア戦争不服従権に関する声明」(いわゆる「一二一人声明」)にドゥボールが署名し、『アンテルナシオナル・シチュアシオニスト』誌(第五号「真実の時」、一九六〇年)ではアルジェリア人民とフランスのプロレタリアートとの連帯の必要性が強調される。また、同年、評議会社会主義を唱える新左翼《ゴーシスト》グループ「社会主義か野蛮か」とSIとのあいだの討論のたたき台として、ドゥボールとP・カンジュエール(ダニエル・ブランシャールの筆名)の共同署名で「統一的革命綱領の定義に向けた予備作業」という文書が発表され、両者のあいだで共同討議が追求された。この論文のなかでは、スペクタクルの社会における日常生活批判には資本主義体制そのものとの革命的闘争が不可欠であるという認識が共有されているが、実際には、「労働」の価値を無前提に認め、「労働の人間化」を主張するカストリアディスらと、疎外された社会での「労働」を無価値だとし、「労働の拒否」と「遊び」の要素の称揚を主張するシチュアシオニストのあいだの調整は結局つかなかった。さらに同年、SIの中央評議会は、エドガール・モランやアンリ・ルフェーヴルら進歩派知識人の拠点で、シチュアシオニストの理論にも深い関心を示していた『アルギュマン』誌を、王党派・反ユダヤ主義の知識人の参加やアルジェリア革命への態度の曖昧さ（「一二一人宣言」へのサボタージュ）などを理由に改良主義的だとしてボイコットを指令する。

こうして、次第に単なる文化革命から社会全体の革命へと傾斜していったSIは、一九六一年のスウェーデンのイェーテボリでの第五回大会で、その理論を明確にする。この時期からSIに加わり、ブリュッセルで「統一的都市計画事務局」の活動をしていたラウル・ヴァネーゲムがこの時行った報告「拒否のスペクタクルからスペクタクルの拒否へ」はこの姿勢を強調し、次のように述べている。「資本主義世界も反資本主義を自認する世界も、スペクタクルの様式の上に生を組織している。（……）大切なことは、拒否のスペクタクルを作ることではなく、まさにスペクタクルを拒否することである。スペクタクルを破壊する要素として作られたものが、SIが定義した新しい真の意味において芸術的であるためには、これらの要素は芸術作品であることをやめねばならない。シチュアシオニスムは存在しない。シチュアシオニストの芸術作品も、いわんやスペクタクル的な状況も、金輪際存在しない。」

「芸術作品」も「芸術家」も認めないこの報告により、これ以降、「革命派」と「芸術派」との対立が激化し、翌年には、芸術的傾向の強かったドイツの「シュプール」派シチュアシオニストの除名、シチュアシオニスト商標の家具などを製作したスカンディナヴィア支部のヨルゲン・ナッシュらの除名が相次いだ。「除名」という手段はＳＩにとって、シチュアシオニストの理論の変質と闘う優れた武器である。こうした各支部の逸脱の続発から、ＳＩは組織原則の明確化の必要に迫られ、ＳＩを大衆組織ではなく対等の者から成る活動家集団と自己規定し、組織内での厳密な直接民主主義を徹底し、他の前衛集団のように弟子を持たないことを確認した。彼らが大衆組織ではなく、一種の工作者集団であることは「ＳＩは風を蒔いた、それは嵐を刈り取るだろう」という言葉に端的に表されている。そして、翌一九六二年のベルギーのアントウェルペンでの第六回大会では、外部潮流との関係を再確認し、運動の非合法性・実験性を確認したうえで、国ごとのセクションを廃止して単一の組織として統一し、ＳＩは組織的・理論的統一を完成させた。

シチュアシオニストが政治的行動に傾斜していったこの時期は、一九六〇年代の米ソの核の均衡による冷戦構造のなかで、第三世界の民族解放闘争が激化し、先進国の革命運動も理論活動から実践活動に雪崩を打って移行していった時代である。こうした情勢のなかで、SIの活動は、第一に、スペクタクル社会の理論的分析と批判の強化、第二に、運動体としての革命的組織論の強化、第三に、社会・政治批判の徹底と具体的実践活動の強化として現れてくる。

第一の点については、SIは冷戦下で官民あげて建設された「核シェルター」に批判の矢を向ける。「来たるべき戦争のスペクタクルが十分に機能するためには、今から既に、われわれの知る平和の状態を変更しなければならない」（「冬眠の地政学《ジェオポリティック》」、『アンテルナシオナル・シチュアシオニスト』誌第七号、一九六二年）という理由で、米国とヨーロッパの各地に作られた核シェルターは、権力にとっては、核攻撃からの保護よりもむしろ住民の従順さを作り出すものであり、資本にとっては、自らが恐怖を組織してでっちあげた偽の欲望に供する新たな耐久消費財の発明であった。それこそ、スペクタクルの社会における冷戦下での唯一の都市計画と呼びうるものであり、文字通り惑星的規模での「生き残り」をかけた商品だった。だが、SIは、真の「生」の隠蔽と疎外のうえに成り立つこの「生き残り＝余りの生（survie）」こそを糾弾する。彼らは、「生き残りという概念は、極度の疲労の終わりまで遅延された自殺を意味する、それは、毎日の生を断念することなのだ」

として、核シェルターのネットワークによって描かれる居住と生の姿にスペクタクル化された資本主義の真の都市計画と生存の本質を見、それとの闘いを「統一的都市計画」を掲げるシチュアシオニストの主要課題にする。SIは、一九六三年六月、実際に、デンマークで「RSG6（政府地域核シェルターNo.6）」と呼ばれる核シェルターの存在を暴露し、その粉砕闘争を組織している。

この時期に、SIは、余暇産業としての「地中海クラブ」（それは「状況」、「漂流」などシチュアシオニストの概念を歪曲して用いる）、映画産業での地中海クラブとも言うべきゴダール、日常生活批判を大学のなかで単に言葉の上でのみ行うアンリ・ルフェーヴル、巷にあふれるメディア論やコミュニケーション論（それらは、体制派メディアのコミュニケーションの一方向性を自明の前提とした上に成立している）、非コミュニケーションとしてのダダに追従する反時代的な芸術家たち……これらのものを次々と批判していくが、それは、これらの者も、核シェルターと同じように「余りの生」としての余暇の本質を問題にせず、擬似的な自由を幻想的に描いて、むしろ「スペクタクル」の社会に奉仕するからにほかならない。なかでも、ルフェーヴルはSIから激しい批判を受けている。SIは一九六〇年から六一年にかけて、ルフェーヴルと良好な関係を保っていた（ドゥボールはヴァネーゲム、ダニエル・コーン＝ベンディット、ボードリヤールらとともにナンテール大学の彼のセミネールに出ていたし、ルフェーヴルの主宰する国立科学研究センターの「社会研究センター」の会合で

「日常生活の意識的変更のパースペクティヴ」と題した発表をテープで行っている）ようだが、六二年にルフェーヴルが『現代への序説』でシチュアシオニストのことを「若者の叛乱」として没歴史的に歪曲して述べたことからルフェーヴルを激しく批判しはじめる。さらに、同年『アルギュマン』誌の終刊号でルフェーヴルが、パリ・コミューンを「祭り」という観点で捉えたドゥボールらの未発表の覚え書きを、文字通り盗用した論文「コミューンの意義」（後に『パリ・コミューン』の一部となる）を発表するにいたって、SIは「歴史の屑籠へ！」というパンフレットに問題の文章を並べて印刷して発表し、ルフェーヴルと完全に決裂した。

余暇と「余りの生」をめぐるシチュアシオニストの理論的分析の成果は、一九六七年に二つの本となって現れる。ラウル・ヴァネーゲムの『若者用処世術概論』と、ドゥボールの『スペクタクルの社会』だ。前者は、「スペクタクル」の社会での人間の疎外状況を、主観的な観点からラディカルに批判し、「全体的人間」の回復と「欲望」の解放を熱く呼びかける。後者は、「スペクタクル」の社会を歴史的に、厳密に分析した理論の書である。これらは六七年十一月に出されるやたちまち売り切れ、あるいは万引されて（この二つの本はこの時期に書店で最もよく盗まれた）、シチュアシオニストの理論を広め、学生や労働者を「五月革命」に立ち上がらせるのに大きな役割を果たした。同じ年に出たルフェーヴルの『テクノクラートに反する立場』が、革命的闘争を呼びかけるシチュアシオニストの理論を「抽象的ユートピア」だと批判し、「ある日、あるいはある夜、人々が『たくさんだ！　労働と退屈はもうたくさんだ！　もう、やめにしよう！』と口々に叫び合いながら、永遠の〈祭り〉に、状況の構築に入っていく」などということはありえないと、先進資本主義国での革命的叛乱の不可能性を主張していたのとは逆に、六八年五月に人々はまさに「労働」と「退屈」を捨てて、「状況の構築」に向かったのである。

ＳＩの活動の第二の点、革命的組織論の強化は、シチュアシオニストが次第に注目されるにつれて生じてきたＳＩの内外からの理論的歪曲に抗してなされたものだった。一九六二年の第六回大会以降、内部からの歪曲の試みに反撃するため、ＳＩは既に、個人的な芸術作品を指向する者や、ＳＩ内部の政治的主導権を奪おうと画策したアルザスのシチュアシオニスト・グループらを除名し、その組織的統一を図っていたが、一九六六年のパリでの第七回大会では、革命組織としての基盤を固めるためにＳＩは多くの問題を解決した。この大会では、組織論一般、ＳＩの組織、外部の革命潮流との関係の強化、世界情勢、発展途上国の経済情勢と革命勢力、文化状況、騒乱を起こすための新しい方法などが討論され、すべての点について意見の一致を見た。この時に採択された「革命組織に関する最小限の定義」は、革命組織の唯一の目的を「新たな社会分割を生まない手段を用いて、既存階級を廃絶すること」に置き、それを実現できる組織形態を「労働者評議会」に求めている。この革命組織は、世界のあらゆる場で起きている問題に対して、また日常生活のすべての側面に対して「統一的批判」を行う組織だ。それゆえ、それは、「大衆による既存の世界の自主管理ではなく、その世界の絶えざる改変をめざし」、「支配的世界の位階的秩序を自己のうちに再生することは一切拒否」しなければならない。また、この時にドゥボールが行った「報告」ではSIの活動として、現実に行われているさまざまな闘争のなかへSIの批判理論を伝達することが強調され、そのために、SIのなかでの理論と実践、理論と実際の生活とを一致させねばならないと主張されている。SIという集団は、「現実が自らの理論を探し求めているところへ」その理論をもたらすことを目的とした集団であり、SIそのものが新しい理論を求めている者たち自身の未知の理論なのである。六八年五月においてSIが行ったことは、まさにそのことだ。

第三の点である政治的実践の強化は、こうした彼らの組織論に基づいている。一九六五年、独立後のアルジェリアでブーメディエンがクーデタを起こし、それまでの下からの自主管理の闘いを圧殺し、官僚主義的社会主義に置き換えたことを契機に、SIはマルクス主義的自主管理思想の再検討の必要に迫られた。彼らは、この時、「アルジェリアと万国の革命派へのアピール」というパンフレットをアルジェで非合法に配布し、そのなかでアルジェリア人民の自主管理の闘いへの連帯を表明する。だが、全世界的な規模に広がったスペクタクル状況のなかでは、自主管理という形態も、第三世界独自に実現することは不可能で、先進国での革命の成功なしに第三世界の革命の真の成功の可能性はないと彼らは主張する。SIが第三世界の革命闘争に対して持つ批判は、古典的なマルクス主義に則った批判ではなく、第三世界の解放闘争が独立達成後たちまち官僚主義に転化してしまうことに対する批判だった。チュニジア出身のシチュアシオニスト、ムスタファ・ハヤティは、六七年の「低開発諸国での革命についての世論の誤りを修正するのに役立つ貢献」のなかで「ブルジョワジーが何世紀もかけて『血と泥にまみれて』成し遂げたことを、官僚主義はわずか数十年間で意識的かつ『合理的』に実現しようと望む。(……)資本主義以前の段階の植民地社会の廃墟の上に建てられた官僚主義権力は、階級対立の廃絶ではない。それは、古い階級に新たな階級を、古い抑圧状況に新たな抑圧状況を、古い階級闘争に新たな階級闘争を置き換えるだけだ」と述べている。同様の観点から、SIは中国の文革を「偽の文化の偽の革命」として批判し、ヴェトナム戦争についても、ヴェトナムの労働者が国内で真の社会変革をめざして、国内の二つの敵(北の官僚主義者と南の所有・支配者層)を倒すことができるように、アメリカ合衆国の攻撃に反対するという立場を採る。また、アラブ＝イスラエル戦争に対しても、イスラエル国家の解体と同時にアラブの既成国家も解体し、評議会権力による統一アラブを実現せねばならないと主張する。

こうした第三世界での闘争に注目する一方で、SIは、先進国内部での政治的実践活動を実行していく。一九六五年のデンマークのラナース基地での反軍闘争は、SIがイニシアティヴを取った闘争として画期的なものだった。この闘争は、NATO所属のドイツ軍のデンマーク軍との合同軍事演習に反対する闘争で、ドイツ軍がデンマークに入るのは戦後はじめてだったために大きな反対運動が巻き起こった。デンマークのシチュアシオニスト、J・V・マルティンらは、反ナチスの活動家や学生らと行動委員会を作り、実力阻止を掲げてデモを行い、基地の前で警察・軍隊との衝突に発展した。この大規模な阻止行動の間隙をぬってドイツ軍は基地に入るが、共同演習は結局行えず、形だけのデンマーク入りを果たすとたちまちドイツに帰り、ドイツ政府はそれ以降の合同演習の断念を発表した。こうして、反対運動は成功裡に終わるが、その後、活動家らの拠点であったマルティンの自宅が、元共産党員で運動のスパイをしていた人物によって爆破された。マルティンは、「RSG6破壊」闘争の際に、それを指導し、『平和のためのスパイ』というパンフレットを配布したり、ポップ・アートを転用して第三次大戦中の世界の風景を描いた地図『熱核反応地図』を製作したりしていた。またその後も、彼はフランコ政権下のスペインでポルノ写真を転用した『国家転覆コミック』を地下出版し、かねてから警察に眼を付けられていたが、この時、あらぬ嫌疑をかけられて逮捕された。裁判の過程でマルティンの嫌疑は晴らされ、爆破事件には警察と軍が関与していたことが明らかになったが、このラナースのSIの実力闘争は、その後、アムステルダムの「プロヴォ」グループの暴力的な街頭闘争など、ベネルクス三国と北欧の運動に大きな影響を与えた。

一九六六年十一月から六七年四月にかけて、フランスのストラスブール大学で起きた

「ストラスブールのスキャンダル」と呼ばれる闘争にも、シチュアシオニストが大きく関与した。この闘争は、共産党系の「フランス全学連（ＵＮＥＦ）」の地方組織である「ストラスブール学生総連合会（ＡＦＧＥＳ）」の指導部に選出された学生たちがＳＩに同調し、ＵＮＥＦの資金を用いて、シチュアシオニスト的立場を鮮明にした『経済的、政治的、心理的、性的、とりわけ知的観点から考察された学生生活の貧困およびそのいくつかの治療法について』（以下、『学生生活の貧困』）というパンフレットを大量に印刷して配布し、ＡＦＧＥＳの解散を訴えた事件で、強固な結束を持つと思われていたＵＮＥＦの内部からの叛乱としてフランス全土の注目を集めた。この六七年の事件の前兆は、シチュアシオニストがストラスブール大学の教官アブラハム・モールに対して行った攻撃に既に見られる。『アルギュマン』派の知識人で、サイバネティクスのテクノクラートであるモールは、六三年十二月に、シチュアシオニストへの野次馬的な関心から、「シチュアシオニスト集団への公開質問状」を発表した。社会学者的な知識をひけらかし、流行の思想を追うだけの無内容なこの「質問状」に対して、ドゥボールはただちに糾弾の返事を書く。その後、ＳＩは、六五年三月、モールがストラスブールで講演をした際には、ビラを撒いて講演をつぶし、六六年十月にモールがストラスブール大学の社会心理学の教官のポストを得ると、その最初の講義に押し寄せ、学生とともにトマトを投げて追い出した。モールに対する攻撃は、彼が「社会心理学」という体制の人間管理を研究し、その研究は、実際に大学や都市において人々を管理する手段として用いられつつあったからにほかならない。モールは、大学以外でも、例えばパリの「装飾博物館」で「都市計画の方法による住民管理」に関する講演をしようとして、反体制的建築家たちから、同じようにトマトを投げ付けられている。

AFGESのメンバーは、このモール追放闘争と相前後してSIと連絡を取り、『学生生活の貧困』の出版計画を立てた。そして、六六年十一月に新学期が始まると、『ドルッティ旅団の帰還』と題したコミック形式のビラを撒いて予告し、『学生生活の貧困』を配布したのである。彼らの行為の反響の大きさに司法当局が乗り出し、裁判では、選挙で選ばれたにもかかわらずAFGESの指導部は非合法だとされ、彼らが呼びかけていたAFGES解散のための学生総会の開催は禁じられた。これに対して、彼らは、学内では、学生に対する管理と抑圧の拠点である「大学精神援護局」の閉鎖を実行し、学外では、六七年一月にパリで開催されたUNEFの大会に出席し、UNEF解散の動議を提出する。この動議は、ナントの学生組織と「療養所学生」組織の二組織の賛同を得ただけで却下されたが、UNEF内部の亀裂を拡大する大きな役割を果たした。

彼らが製作した『学生生活の貧困』は初刷一万部が二か月で売り切れ、六七年三月に増刷された第二刷一万部、さらに第三刷一万部もたちまち売り切れ、フランス各地の学生たちのあいだで争って読まれた（その後、イギリス、アメリカ、スウェーデン、イタリア、日本など各国語に翻訳され、計三十万部近くが出版された)。「ストラスブールのスキャンダル」は、この『学生生活の貧困』に盛られたシチュアシオニスト的内容と、意識した少数者の直接行動によって状況を構築するというその闘争スタイルによって、六八年の「五月革命」を思想的にも戦術的にも準備したと言える。

六〇年代のシチュアシオニストの活動のこれら三つの側面――スペクタクル社会批判、革命組織論、政治的実践活動――は、六八年五月に全面的に開花する。

フランスの「五月革命」は、戦後二十年を経て経済的には順調な発展をしていたフランス社会のなかに、経済危機とは無関係に燃え広がった異議申立ての運動である。それは生活に困窮し強固な階級意識を持ったプロレタリアートなどもはや存在しないと多くの者が信じていたところに、突然、あらゆる工場や職場で占拠とストライキが始まり、史上初めての自然発生的なゼネストにまで広がり、最も安泰であると思われていたフランスの国家体制を危機に陥れた革命運動だ。六八年三月、パリ大学のナンテール分校での大学の管理体制とそれに反発する学生の闘いに始まったこの闘争は、五月に入り当局による大学閉鎖を産み出すと、パリの中心部ソルボンヌ大学に飛び火する。五月三日以降、ソルボンヌでのキャンパス集会、機動隊による学生排除と逮捕、それに反対する学生たちの自然発生的な抗議行動、大学占拠、解除、当局側の大学閉鎖、再占拠、それ以後連日の抗議デモと激しい街頭バリケード闘争、国立劇場オデオン座の占拠、フランス各地での大学占拠、ルノーの自動車工場、飛行機工場、郵便局、鉄道、空港、放送局、新聞社、タクシー会社、個人商店とあらゆる場での工場・職場占拠と山猫スト、フランスの総人口五千万人のうち一千万人が参加した前代未聞のゼネスト……と大学での運動が五月から六月にかけてのわずか一月の間にフランス全土の工場と職場へと燎原の火のように燃え広がった。このゼネストは、最終的には、CGT（労働総同盟）ら既成の組合組織による闘争の懐柔、ド・ゴール派の巻返し、そして両者の手打ちによって、わずか一〇パーセント足らずの賃上げという体制内改革によって収束させられてゆくが、運動の最中に出された要求の中心は、物質的なものというよりもむしろ労働環境の改革、管理体制の破棄、自主管理など現代資本主義社会における資本と労働の関係、管理する者とされる者との関係に根底的な異議を提出し、日常生活レヴェルでの疎外状況を本質的に変革しようとするものであった。「五月革命」は、現実には、政治権力を奪い取ることも、ブルジョワ支配体制を覆すこともできなかったが、一切の権威の否定、組合による代理的闘争方法に代わる直接民主主義的闘争スタイルの確立、生産の現場から日常生活のあらゆる場所への闘争の拡大など、それ以降のブルジョワジーとの闘争の場と性格とを決定づけるような大きな「切断」を持ち込んだ。この「切断」によって、ブルジョワジーとの闘争は、古典的な国家権力（警察・裁判所・軍隊・官僚）から、フーコーの言うような日常生活のあらゆるレヴェルに存在するミクロな権力関係――それはとりわけ「文化」の問題として現れる――を問題とする方向にシフトし、その結果、闘争の主体＝主題として、われわれが現在眼にしている女性・少数民族・移民・失業者・精神障害者・身体障害者などの社会的マイノリティが舞台の前面に立ち現れてきた。

シチュアシオニストは、この「五月革命」において、第一に、闘争の方法やスタイルという点で広く影響を与え、第二に、具体的闘争への参加によって自分たちの理論を実践のなかで展開し、闘争において大きな役割を果たした。

第一の点を表現するのは、闘争のなかで工場や大学、街の壁に書かれた落書だろう。「消費すればするだけ生は貧しくなる」、「死んだ時間なしに生きること、制限なしに楽しむこと」、「退屈は反革命だ」、「君たちの欲望を現実と見なせ」、「快楽に強制される留保は、留保なく生きる快楽を挑発する」といった新しい「欲望」の肯定と「余りの生」の告発を「転用」の文体で表現した言葉や、「スペクタクル商品社会打倒」、「決して労働するな」、「労働者評議会に権力を」などといったシチュアシオニストのテーゼそのままの言葉が、当時、ナンテールやソルボンヌ、さらにパリのあちこちの壁に書かれた。これらの言葉に表された反管理の思想、労働の拒否、日常生活全体の疎外に対する異議申立ての思想は「五月革命」全体の基調である。また、フォトロマン、広告、ポルノ写真を転用したビラやパンフレット、コミックを積極的に活用したパンフレット、映画の積極的活用、マスメディアへのゲリラ的闘争（偽新聞、偽雑誌、自由ラジオや海賊放送）……ルネ・ヴィエネが六七年に「シチュアシオニストと政治および芸術に反対する新しい行動形態」のなかで提案したこれらの方法の多くが実際に「五月革命」のなかで活用された。さらに、大学や高校での授業介入・教師批判・討論、卵やトマト、ペンキ爆弾など創意工夫を凝らした闘争手段、「下部に責任を負い、いつでもリコール可能な」評議会形式の闘争組織、意識した少数者による直接行動、下からの運動によるストライキの決定、これらの行動スタイルはまさにシチュアシオニストがそれまでに実行してきたスタイルそのものである。

第二の点に関して、シチュアシオニストは三月のナンテールの闘争でも、五月のソルボンヌの闘争でも、占拠の中心にいて、最もラディカルな潮流として活動した。ナンテールでは三月に大規模な闘争に発展する前に、一月から既に授業での教師批判や授業ボイコット（特に、理論を操るだけで自分の足元の現実の問題に何一つ対応できないアラン・トゥレーヌ、アンリ・ルフェーヴル、エドガール・モランら『アルギュマン』派の欺瞞的社会学者の）という形でのサボタージュ闘争、また、それが原因で大学当局から処分された学生の処分撤回闘争があった。この闘争の中心は、「怒れる者たち（Enragés）」という十数名の者から成るグループで、処分された学生にも彼らが多く含まれていた。ヴェトナム反戦運動に関連したナンテールでの私服警官のスパイ活動に抗議して結成されたこの集団は、その基調をSIの理論から取っており、その中心人物ルネ・リーゼルは後にSIの正式メンバーとなった。彼らは、三月二十二日には、後に「三月二十二日運動」を形成するダニエル・コーン

＝ベンディットらの学生のグループよりも早く、闘争の先頭をきって大学本部の建物に入り、占拠のきっかけを作った。アナキストのコーン＝ベンディットが代表する「三月二十二日運動」と「怒れる者たち」との間には、思想と闘争方針の両方において明確な分岐があり、前者が学生の即時的利害だけを問題にしていた（それゆえ、彼らの大学本部占拠時の第一目的は、「試験結果文書の破壊」だった）のに対して「怒れる者たち」は層としての学生を認めず、現実によって規定される学生の階級性を問題にした。「怒れる者たち」がナンテールの壁に「君たちの欲望を現実と見なせ」と書いたのに対し、「三月二十二日運動」の方は「想像力を権力に」と書いたが、シチュアシオニストはこれを批評して、「これは、一方は欲望を持っていたのに対して、他方は想像力さえ持っていなかったからだ」と書いている。

闘争がパリに移り、五月十三日にソルボンヌ大学が占拠されると、翌日には、この「怒れる者たち」はＳＩのメンバーとともに「怒れる者たち――ＳＩ委員会」という組織を形成し、活動を開始した。彼らは占拠されたソルボンヌでの最初の総会で、運動の組織形態とそこで開始された闘争の全体化について最もラディカルな提案をし、占拠の中枢である「ソルボンヌ占拠委員会」のメンバーに選出された。総会でのＵＮＥＦ官僚主義者らの引き回しと「三月二十二日運動」の学生らの一貫性の欠如によって、ＳＩらは「占拠委員会」を去り、新たに「占拠維持評議会」を形成した。残された学生や新左翼諸党派のメンバーらによって作られた新「占拠委員会」は、毎日の総会で選出される直接民主主義的な委員会ではなく、政治の専門家による固定的な委員会に変質してしまった。SIは、この最初の「占拠委員会」と「占拠維持評議会」を拠点に彼らの理論を実行に移していった。彼らの主張は、闘争における徹底した直接民主主義の実現と、学生の闘争から労働者の闘争への運動の拡大の二点にあった。そのため、彼らは、あらゆる場で直接民主主義を厳密に貫き、すべての決定を総会に委ねることを一貫して主張し、闘争に潜入した新左翼諸党派やアナキスト、UNEFの官僚主義者らによる内部からの運動の懐柔やサボタージュに抗して闘った。また、ソルボンヌを「人民のクラブ」として労働者に解放する一方で、ルノーなどの工場労働者のストライキ支援に出かけた。同時に、電報や電話、ビラやパンフレットを独自のネットワークで配布し、ソルボンヌからフランス全土の労働者に工場占拠と労働者評議会の結成を呼びかけるメッセージを発し続けた。

シチュアシオニストは当時、その行動と理論の過激さゆえに、政府や体制派からは恐れられ、マスコミでも大きく騒がれたが、こうした「五月革命」でのシチュアシオニストの役割は正当に評価されたとは言えない。これは彼らが他の新左翼諸党派とは異なる独自の組織理論に基づいて行動したことに大きく起因する。第一にSIは、その前身である「レトリスト・インタナショナル」の時代から、自らの理論的変質を拒み、一貫した少数主義を貫いた。LIの主要メンバーはわずか数名であった。SIの正式メンバーは、一時期での最大で三十名、六九年末までの時点で延べ七十名である。しかもそれらのメンバーが、フランス、オランダ、ベルギー、ドイツ、イタリア、イギリス、スカンディナヴィア、アルジェリア、アメリカなど十近くのセクションに分かれて活動していた。六八年の「五月革命」開始時にパリにいたメンバーは、ドゥボール、ヴェネーゲムらわずか四名にすぎない。これは、この時期、SIのメンバーになろうと彼らに接触してきた者が数百名、自称シチュアシオニストが数千名いたことを考えると驚くべき数字である。第二に、大衆組織としての組織拡大を求めぬSIは、「状況」の構築の過程でも「状況」が構築された所でも、闘争を指導するのではなく、その「状況」のなかで自らの理論そのものを実現することを最優先させた。それゆえ彼らは、「占拠委員会」の主要メンバーだったにもかかわらず、他の党派のようにシチュアシオニストの「旗」は掲げず、ビラやパンフのなかでSIを宣伝せず、パリの壁に数多く書かれた言葉にSIの署名をすることはしなかった。第三に、「スペクタクル」社会との闘争がそれ自体「スペクタクル」化されることを拒み、SIは運動の「代表」を置かずマスコミとの接触を拒否した。彼らは、コーン゠ベンディットのようなマスコミに作られたスターは徹底的に批判した。

SIのパリのメンバーは、「五月革命」の闘争が終結すると、ブリュッセルに亡命したが、その後、彼らは「五月革命」を次のように総括している（「一つの時代の始まり」、『アンテルナシオナル・シチュアシオニスト』誌第十二号、一九六九年）。五月の運動は、単なる学生運動ではなくプロレタリアートの革命的闘争であり、その行動は労働者による何らかの既存の政治理論の実現のための行動だったのではなく、プロレタリアートが自らの理論的意識を求めた行動だった。だが、決起した大量の労働者はついに自らの場でこの理論を見出しえず、思想の面でも行動の面でも時代遅れの新左翼諸党派は、現代の闘争が要請する新しい問題意識も新しい闘争形態も理解せず、過去の革命形式を一様に――パロディとして――提案するだけだった。学生が結集した「三月二十二日運動」も、ボリシェヴィズムを夢想して首尾一貫性を失い、結局は資本主義の体制内に回収されてしまった。だが、先進国最大のゼネスト、歴史上初めての山猫ゼネスト、革命的占拠と直接民主主義の素描、二週間にわたる国家権力の消滅過程の進行、革命理論の検証とその部分的実現、形成過程にある現代プロレタリアートの最重要の実験、これらの成果は本質的なものであり、それだけで十分に勝利の名に値する。

六八年六月以降、SIは、敗退期の闘争を立て直し、「五月革命」のなかで出現した労働者評議会勢力を組織化するために、トゥールーズの「国際革命」派や、「社会主義か野蛮か」の分派である「労働者通信情報」派などの組織との調整を試みるが、結局それは失敗に終わる。労働者評議会を総会より上位に置くレーニン主義的組織「国際革命」派や、労働の搾取の問題を優先し、日常生活批判は二次的な問題とする「労働者通信情報」派の唱える「評議会」が、歴史に現れた過去の評議会のイメージ――「評議会イデオロギー」

――を一歩も脱しておらず、シチュアシオニストが主張する、「スペクタクル」社会の統一的批判を担う組織としての労働者評議会とは相容れなかったからだ。

現実の闘争の敗北と衰退とは逆に、この時期、五月を闘った者たちが大量にSIのメンバーになろうとしてSIへの接触を図り（その内の何人かは実際にSIに迎えられた）、公式のSIメンバー以外にも、「プロ・シチュ」と呼ばれる自称シチュアシオニストが数多く生まれていった。六九年から七二年までの時期は、こうしたシチュアシオニストの公然化と量的拡大という新たな状況との闘いとして性格付けられる。

SIの外に出現した大量の「プロ・シチュ」は、シチュアシオニストの理論を正確に理解せず、ただ単にその反体制的な雰囲気を真似し、シチュアシオニストをモードとして消費する存在とさえ言えるが、これらの者によってSIの姿は歪曲して伝えられた。また、それと並行して、六八年の過程で新たに加入したメンバーと、それまでのメンバーとの間に、次第に組織内部での役割の固定化が進み、新しいメンバーの多くは待機主義・代行主義に陥り、旧メンバーのなかには新たな理論的・実践的実験を継続せずに自己保身に走る者も出てきた。これらに対処するため、六九年七月には、ドゥボールが『アンテルナシオナル・シチュアシオニスト』誌の編集を降り、九月にヴェネツィアで開催されたSI第八回大会ではSIの構成員規約が作成され、全員一致の原則、少数意見の表明方法、二重加盟の禁止など、シチュアシオニストの資格が明確化された（この規約により、例えばムスタファ・ハヤティは、PFLPとの関わりを問題にされて除名された)。だが、七〇年に入ると、SI内外での行動の欠如と観念論的議論の沸騰が著しくなり、SIはこれに抗して、沈黙という武器で闘い、さらに、もはやSIの理論の普及の役割を果たさなくなった機関誌の刊行を中止した。そして、十一月には、ドゥボール、ルネ・リーゼル、ルネ・ヴィエネが、SIの規約に従って分派を結成し、「宣言」を発表して「SIのイデオロギーと完全に訣別する」意志を表明。これに、ただちにイタリア・セクションのジャンフランコ・サングイネーティが同調した。この分派の結成に、新シチュアシオニストやヴァネーゲムらは反発したが、ドゥボールらはSIが「最後の形態の革命スペクタクル」とならないように、SIを破壊する闘争を開始する。ヴァネーゲムも結局、この時にSIを脱退した。ドゥボールらの側では、その後、リーゼルが除名、ヴィエネが「個人的理由」で脱退。ドゥボールら主要メンバーがすべて抜けたSIは残された者たちだけで活動停止に陥った。

一九七二年、ドゥボールとサングイネーティは、SIの公式文書というかたちで『インタナショナルにおける真の分裂』という本を発行し、そこに収めた連名の「シチュアシオニスト・インタナショナルとその時代に関するテーゼ」のなかで、SIの活動の総括、分裂と解体についての見解を表明し、「シチュアシオニスト・インタナショナル」の活動に完全に幕を降ろした。この「テーゼ」のなかで彼らは、運動の完全なる「傍観者」である「プロ・シチュ」を激しく糾弾するだけではなく、そのような存在を産み出したSIの自己批判も行っている。SIは、一九五七年からの一貫した理論的・実践的活動によって「状況の構築」を追求し、六八年にあらゆる場所で「シチュアシオニスト思想」が見られる状況を作り、SIの量的拡大を産み出したが、まさにそのことによってSIの質的停滞を自ら産み出した。ドゥボールは、そのような停滞を隠蔽したまま生き残ることによって生を失うことを拒否して、今やそれ自体がイデオロギーと化そうとしているSIを自らの手で葬り去るのである。「これらのゴロツキどものあいだに、われわれが眼に余る名声を獲得したと誇れる今、われわれは、より近寄り難く、より非合法であることをめざそう。われわれのテーゼが有名になればなるほど、われわれ自身はより難解になってゆくだろう」(57)、「SIの真の分裂は、現在の異議申立ての漠然とした無定形な運動のなかでまさに今果たされなければならない分裂だった。それは、一方での、時代の革命的現実のすべてと、他方での、この点に関するすべての幻想との間の分裂である」(58)、「SIの欠陥の全責任を他人に押し付けたり、何人かの不幸なシチュアシオニストの心理的特性によってそれを説明しようとしたりするのではなく、逆にわれわれは、これらの欠陥をSIが行ってきた歴史的活動の一部として受け入れよう。ゲームは他の場所で行われたのではない。SIを作り、シチュアシオニストを作った者が、それらの欠陥も作ったに違いない。(……)われわれはSIの現実のすべてを認める。そして、その現実がそのようなものであったことを喜んでいる」(59)、「われわれがわれわれの時代を超えた存在であることができるかのように、われわれを称讃することはやめてもらいたい。あるがままの姿によって時代に魅入られ、時代そのものに戦慄を覚えてもらいたい」（61）。

六〇年代を疾走したSＩはこうして「時代」のなかに自己を焼き尽くした。だが、彼らが掲げた「統一的都市計画」と「状況の構築」の理論、「表象＝代理」に対する根源的な批判（「スペクタクル」社会論と、「労働者評議会」の言葉で語られるラディカルな直接民主主義）、日常生活の統一的批判の実践、現実の変革運動におけるその行動方法、これらのものはその「時代」のフィルムの上に確実に焼き付き、そこからわれわれの時代に光を投げかけている。彼らが提起した問題は、今も何一つ解決されてはいない。それゆえ、この「時代」に「戦慄」を与える新たな理論と実践が求められているが、この新しい理論と実践はもはや彼らの名ではなく、われわれ自身の新しい名を名乗らねばならないだろう。

＊

本書の翻訳の過程では、多くの人々の助けをいただいた。ここにお礼を申し述べておく。最初に、ドゥボールの本の存在を教えていただき、翻訳を勧めてくださった市田良彦氏には、下訳の段階で原稿を読んでもらい、内容に関して多くの意見を頂戴したうえ、訳者とともにフランスに滞在中、オーヴェルヌ地方の山中にあるドゥボールの家に同行までしていただいた。六八年前後をパリで過ごされた廣田昌義氏と杉村昌昭氏は、シチュアシオニストに関する貴重な資料を貸してくださり、また、当時の様子をいろいろと教えてくださった。それから、何よりギー・ドゥボール氏本人と同居人のアリス・ベッケル゠ホーさんに感謝する。昨年の十月には、自宅に押しかけた訳者ら二人を温かく迎え、訳者の疑問にていねいに答えてくださった。また、その時ドゥボール氏からいただいた著書『回想録』と『映画に反対して』は、訳者解題におおいに役立った。最後になったが、この本が日本語に訳される意義を高く認め、本書の編集と出版を強力に進められた平凡社編集部の二宮隆洋氏と菅原晶子さんに感謝する。二人には、最初から最後まで翻訳と訳注を細かくチェックしていただき、多くの有益な意見を頂戴した。

書誌

*ギー・ドゥボールの著作

Mémoires, L'Internationale Situationniste, Copenhague, 1958（復刻版 Les Belles Lettres, 1993）.

Contre le cinéma, Institut Scandinave de Vandalisme Comparé, 1964.

La Société du spectacle, Gallimard, 1992（Buchet-Chastel, 1967 ; Champ Libre, 1971 ; Gallimard, coll. Folio, 1996）.『スペクタクルの社会』木下誠訳、平凡社、一九九三年／本書、二〇〇三年。

Œuvres cinématographiques complètes, Champ Libre, 1978 ; Gallimard 1994.『映画に反対して——ドゥボール映画作品全集』（上・下）木下誠訳、現代思潮社、一九九九年。

Préface à la quatrième édition italienne de «la Société du spectacle», Champ Libre, 1979.

Commentaires sur la société du spectacle, Gérard Lebovici, 1988.

（以上二冊は *Commentaires sur la société du spectacle, suivi de Préface à la quatrième édition italienne de «la Société du spectacle»*, Gallimard, 1992 ; Gallimard, coll. Folio, 1996 に合冊）『スペクタクルの社会についての注解』木下誠訳、現代思潮新社、二〇〇〇年。

Considérations sur l'assassinat de Gérard Lebovici, Gérard Lebovici, 1985 ; Gallimard, 1993.

Le «Jeu de la guerre»（Alice Becker-Ho との共著), Gérard Lebovici, 1987.
Panégyrique, tome premier, Gérard Lebovici, 1989 ; Gallimard, 1993.
In girum imus nocte et consumimur igni, édition critique, Gérard Lebovici, 1990 ; édition critique augmentée de notes diverses de l'auteur suivi de *Ordures et décombres*, Gallimard, 1996.
«Cette mauvaise réputation...», Gallimard, 1993 ; Gallimard, coll. Folio, 1998.
Des contrats, Le temps qu'il fait, 1995.
Panégyrique, tome second, Librairie Arthème Fayard, 1997.
Le déclin et la chute de l'économie spectaculaire-marchande, Jean-Jacques Pauvert aux Belles Lettres, 1993.（初出は *Internationale Situationniste*, N° 10, 1966）『アンテルナシオナル・シチュアシオニスト』第五巻（後出）所収。
Rapport sur la construction des situations... suivi de Les Situationnistes et les nouvelles formes d'action dans la politique ou l'art, Mille et une nuits, 2000.（前者は一九五七年のＳＩ結成大会でのドゥボールの基調報告、後者は一九六三年にパンフレットとして配付）『アンテルナシオナル・シチュアシオニスト』第一巻、第四巻（後出）所収。

＊『スペクタクルの社会』の英語版翻訳

Society of the Spectacle, [Translated by Fredy Perlman and others, not mentioned],

Detroit, Black & Red, 1970, 1973 ; Revised editions in 1977, 1983.
The Society of the Spectacle, Translated by Donald Nicholson-Smith, New York, Zone Books, 1994.

＊ギー・ドゥボールによる翻訳

Gianfranco Sanguinetti, *Véridique rapport sur les dernières chances de sauver le capitalisme en Italie*, Champ Libre, 1976.
Un “Incontrôlé” de la Colonne de fer, *Protestation devant les libertaires du présent et du futur sur les capitulations de 1937*, édition bilangue, traduit de l'espagnol par deux «Aficionados» sans qualités, Champ Libre, 1979.（実際はドゥボールとAlice Becker-Hoとの共訳）
Jorge Manrique, *Stances sur la mort de son père*, Champ Libre, 1980 ; Le Temp qu'il fait, 1996.
Appels de la prison de Ségovie, Champ Libre, 1980.

＊書簡集

Correspondance, Librairie Arthème Fayard, volume 1, 1999, volume 2, 2001. 全六巻。

＊映画作品（以下の作品のシナリオはすべて『映画に反対して――ドゥボール映画作品全集』に所収）

Hurlement en faveur de Sade, 1952, Films lettristes, 35mm, noir et blanc, 75mn.「サドのための絶叫」

Sur le passage de quelques personnes à travers une assez courte unité de temps, 1959, Dansk-Fransk Experimentalfilmskompagni (Danemark), 35mm, noir et blanc, 20mn.「かなり短い時間単位内での何人かの人物の通過について」

Critique de la séparation, 1961, Dansk-Fransk Experimentalfilmskompagni (Danemark), 35mm, noir et blanc, 19mn.「分離の批判」

La Société du spectacle, 1973, Simar Film, 35mm, noir et blanc, 90mn.「スペクタクルの社会」

Réfutation de tous les jugements, tant élogieux qu'hostiles, qui ont été jusqu'ici portés sur le film «La Societe du spectacle», 1975, Simar Film, 35mm, noir et blanc, 20mn.「映画「スペクタクルの社会」に関してこれまでになされた毀誉褒貶相半ばする全評価に対する反駁」

In girum imus nocte et consumimur igni, 1978, Simar Film, 35mm, noir et blanc, 105mn.「われわれは夜に彷徨い歩こう、そしてすべてが火で焼き尽くされんことを（イン・ギルム・イムス・ノクテ・エト・コンスミムル・イグニ）」

＊テレビ放映作品

Guy Debord, son art et son temps, Réalisé par Brigitte Cornand et Guy Debord, Sénario par

Guy Debord, 1994, Canal+, vidéo, noir et blanc, 60mn. 9 janvier 1995, Canal+.

＊SIおよびSI関係の文書・著作

Internationale Situationniste 1958–1969, Amsteldam, Van Gennep, 1971 ; Champ Libre, 1975 ; édition augmentée, Librairie Arthème Fayard, 1997. 『アンテルナシオナル・シチュアシオニスト』全六巻、木下誠監訳、インパクト出版会、一九九四―二〇〇〇年。ドゥボールの署名・無署名の論文多数所収。

De la misère en milieu étudiant considérée sous ses aspects économique, politique, psychologique, sexuel et notamment intellectuel et de quelques moyens pour y remédier, Champ Libre, 1976（初版 AFGES, 1966）.

Raoul Vaneigem, *Traité de savoir-vivre à l'usage des jeunes générations*, Gallimard, 1967 ; Gallimard, coll. Folio, 1992.

René Viénet, *Enragés et situationnistes dans le mouvement des occupations*, Gallimard, 1968 ; Guy Debord, Raoul Vaneigem, Mustapha Khayati, René Viénet, Gallimard, 1998.

La Véritable scission dans l'Internationale, Champ Libre, 1972 ; édition augmentée, Librairie Arthème Fayard, 1998. ドゥボールとジャンフランコ・サングイネーティ（Gianfranco Sanguinetti）の共著。

Gérard Berréby, éd., *Documents relatifs à la fondation de l'Internationale Situationniste*

1948-1957, Allia, 1985.

Ion, Centre de création, 1952；復刻版 Jean-Paul Rocher, 1999. 映画「サドのための絶叫」シナリオ第1版を所収。『映画に反対して』に翻訳。

Potlach（*1954-1957*), Gallimard, coll. Folio, 1996. ドゥボールの論文多数所収。『アンテルナシオナル・シチュアシオニスト』第二―四巻に抄訳。

Les Lèvres nues（*1954-1958*), Plasma, 1978；Allia, 1995. ドゥボールの論文二件を所収。『アンテルナシオナル・シチュアシオニスト』第1巻に翻訳。

Ecrits complets（*1969-1972*）*de la section italienne de l'Internationale Situationniste*, traduits par Joël Gayraud et Luc Mercier, Contre-Moule, 1988.

Débat d'orientation de l'ex-Internationale Situationniste, Centre de recherche sur la question sociale, 1974.

Archives situationnistes, volume 1, Documents traduits 1958-1970, traductions et notes de Luc Mercier, Contre-Moule/Paralleles éditeurs, 1997.

Archives & documents situationnistes, Numéro 1, Rédacteur en chef Christophe Bourseiller, Denoël, 2001.

＊展覧会・映画祭カタログ

Elizabeth Sussman, ed., *On the Passage of a Few People through a Rather Brief Moment in Time : The Situationist International 1957-1972*, Cambridge, Mass. & London, The MIT Press, 1989. (Expositions : Centre Georges Pompidou, Paris, February 21, 1989-April 9, 1989/Institute of Contemporary Arts, London, June 23, 1989-August 13, 1989/The Institute of Contemporary Arts, Boston, October 20, 1989-January 7, 1990)

Sur le passage de quelques personnes à travers une assez courte unité de temps—à propos de l'Internationale Situationniste 1957-1972, Centre Georges Pompidou, 1989. (Exposition : Centre Georges Pompidou, Paris, 21 février 1989-9 avril 1989)

Libero Andreotti & Xavier Costa, eds., *Situacionistas—arte, política, urbanismo*, Museu d'Art Contemporani de Barcelona, ACTAR Barcelona, 1996.

Libero Andreotti & Xavier Costa, eds., *Theory of the Dérive and other situationist writings on the city*, Museu d'Art Contemporani de Barcelona, ACTAR Barcelona, 1996.

(以上二著 Exposition : Museu d'Art Contemporani de Barcelona, November 13, 1996-January 6, 1997)

Roberto Turigliatto, ed., *Guy Debord* (*contro*) *il cinema*, Editrice Il Castoro/la Biennale di Venezia. (ドゥボールの映画全作品回顧上映 La Biennale di Venezia, 29 agosto-8 settembre 2001)

Dominique Bax, dir., *Tout Guy Debord*, Le Magic Cinéma, 2002. (ドゥボールの映画全作品回顧上映 Bobigny, France, les 9-10-11 avril 2002)

*ドゥボールおよびSIについて書かれた著作選

Jean-Jacques Raspaud, Jean-Pierre Voyer, *L'Internationale Situationniste, Protagonistes/Chronologie/Bibliographie* (*Avec un index des noms insultés*), Champ Libre, 1972.

Greil Murcus, *Lipstick Traces : A Secret History of the Twentieth Century*, Harvard University Press, 1989.

Jean-François Martos, *Histoire de l'Internationale Situationniste*, Gérard Lebovici, 1990.

Pascal Dumontier, *Les Situationnistes et mai 68*, Gérard Lebovici, 1990.

Giorgio Agamben et als, *Retour au futur ? des situationnistes*, traduit de l'italien par Claude Galli, Via Valeriano, 1990.

Roberto Ohrt, *Phantom Avantgarde : Ein Geschichte der Situationistichen Internationale und der modernen Kunst*, Hambourg, Nautilus, 1990.

Anselm Jappe, *Guy Debord*, traduit de l'italien par Claude Galli, Via Valeriano, 1993 ; Denoël, 2001.

Len Bracken, *Guy Debord—Revolutionary*, Venice, Calif., Feral House, 1997.

Shigenobu Gonzalvez, *Guy Debord ou la beauté du négatif*, Mille et une nuits, 1998.

Gianfranco Marelli, *L'Amère victoire du situationnisme—Pour une histoire critique de l'Internationale Situationniste* (*1957-1972*), Arles, Sulliver, 1998.

Dimon Sadler, *The Situationist City*, Cambridge, Mass. & London, The MIT Press, 1998.
Mirella Bandini, *L'Esthétique le politique, de Cobra à l'Internationale Situationniste* (*1948-1957*), traduit de l'italien par Claude Galli, Sulliver/Via Valeriano, 1998.
Christophe Bourseiller, *Vie et mort de Guy Debord*, Plon, 1999.
Jean-Marie Apostolidès, *Les tombeaux de Guy Debord*, Exils, 1999.
Gianfranco Marelli, *La dernière Internationale—Les situationniste au-delà de l'art et de la politique*, traduit de l'italien par David Bosc, Arles, Sulliver, 2000.
Andrew Hussey, *The Game of War : The Life and Death of Guy Debord*, London, Jonathan Cape, 2001.
Vincent Kaufmann, *Guy Debord—La révolution au service de la poésie*, Fayard, 2001.
Tom McDonough, ed., *Guy Debord and the Situationist International : Texts and Documents*, The MIT Press, 2002.

＊日本語によるドゥボール論のある著作選

江口幹『評議会社会主義の思想』、三一書房、一九七七年。
小倉利丸『アシッド・キャピタリズム』、青弓社、一九九二年。
上野俊哉『シチュアシオン――ポップの政治学』、作品社、一九九六年。
酒井隆史『自由論』、青土社、二〇〇一年。

木下誠監訳『アンテルナシオナル・シチュアシオニスト』(全六巻)、インパクト出版会、一九九四―二〇〇〇年(第一巻に小倉利丸、杉村昌昭、木下誠、第二巻にコリン・コバヤシ、平井玄、第三巻に池田浩士、布野修司、伊藤公雄、第四巻に伊田久美子、上野俊哉、第五巻に栗原幸夫、鵜飼哲、第六巻に吉見俊哉、田崎英明各氏の論文を掲載)。

木下誠「ドゥボールを媒介するソレルス」、『ユリイカ』一九九五年八月号、青土社。

――「代理なき運動――シチュアシオニスト・インターナショナルの逆説」、『月刊フォーラム』一九九五年九月号、フォーラム90s、所収。

――「「思考の映画」から「状況の映画」へ――J・L・ゴダールとG・E・ドゥボール」、『現代思想』一九九五年一〇月臨時増刊号・総特集〈ゴダールの神話〉、青土社、所収。

――「「起源」の「物語」――『回想録』におけるドゥボールの表象の戦略」、『季刊aala』一九九五年・Ⅲ、日本アジア・アフリカ作家会議、所収。

『現代思想』二〇〇〇年五月号、特集〈スペクタクル社会〉、青土社。

ギー・ドゥボール略年譜

一九三一年　一二月二八日　ギー・ドゥボール、パリで誕生。父マルシアル・ドゥボール(Marcial Debord)はパリの薬局店の息子で、薬剤師をめざし大学で学んでいる時にポーレット・ロッシ(Paulette Rossi)と出会い、一九三一年三月に結婚、二人の間にドゥボールが生まれる。父は、ポーレットの母リィディ・ロッシ(Rydie Rossi)が夫の死後一人で切り盛りしていた靴製造工場の経営を引き継ぐが、ドゥボールの誕生後すぐに結核にかかり、ドゥボールが四歳の時に死去。

一九三九年　秋　第二次大戦の急迫によりリィディは工場を売却、宣戦布告の数日前に家族は南仏ニースへ疎開。母ポーレットはピエモンテ生まれのイタリア軍人で妻子のあるドメニコ・ビニョーリ(Domenico Bignoli)と恋に落ち、ドゥボールが九歳の時、異父妹ミシェル(Michèle)を出産、四二年には異父弟ベルナール(Bernard 後にラバストの連れ子のベルナールと区別するためパトリック Patrick と改名)を出産する。

一九四二年　戦争の激化により、家族はビニョーリとともにピレネー山脈の麓の町ポーに転居、ドゥボールはかつてロートレアモンの学んだリセに入学。翌年、母ポーレットはポーの公証人で妻子のあるシャルル・ラバスト(Charles Labaste)と恋に落ち、ビニョーリと別れる。

一九四四年　フランス解放。ラバストの妻の死去。ポーレットは翌四五年にカンヌでラバストと結婚。

一九四五年　一家はカンヌに転居、ドゥボールはリセ・カルノに転校。優秀な成績を収めるも、ランボー、ロートレアモン、アルチュール・クラヴァンに熱狂し、教師に反抗。カンヌで公証人の商売に成功したラバストは、ドゥボールを除き、ポーレットの他の子供たちを認知。

一九四六年　イジドール・イズーとガブリエル・ポムラン、パリでレトリスム運動を開始。カンヌ映画祭開始。ドゥボールはカンヌのシネクラブに頻繁に出入りする。

一九四八年　アスガー・ヨルン、ドトルモン、コンスタントら、コペンハーゲン、ブリュッセル、アムステルダムで前衛芸術運動 Cobra を開始。

一九五一年　四月二〇日　ドゥボール、カンヌ映画祭でイズーのレトリスト映画「涎と永遠についての概論」を見て衝撃を受ける。レトリストと知り合う。
六月　バカロレア取得。
一〇月　ドゥボールはパリに出、パリ大学法学部に登録はするものの大学には行かず、レトリストらと交わり、サン＝ジェルマン＝デ＝プレの外れにあるカフェ、シェ・モワノーを拠点に活動をはじめる。Cobra 解散。

一九五二年　二月　ジル・ヴォルマンの映像のない映画「アンチコンセプト」、パリ人類博物館のシネクラブ、アヴァン＝ギャルド52で上映。
四月「アンチコンセプト」、政府による上映禁止処分。レトリストのマルコーの主宰する一号雑誌『イオン』にドゥボールの映画「サドのための絶叫」（第一版・映像付き）のシナリオと「未来の映画すべてへの前提原理《プロレゴメナ》」掲載。ドゥボールは、第五回カンヌ映画祭粉砕行動にレトリストたちと参加、警察の介入で一一名が逮捕。
六月　ドゥボールは、イジドール・イズーの神秘主義化に反対して、レトリスト左派を糾合し、レトリスト・インターナショナル（ＬＩ）を結成。三〇日、カンヌで製作していた映画「サドのための絶叫」をアヴァン＝ギャルド52で初上映するが、映像のない映画に観客が騒ぎ出し、途中で上映中止。観客の中にいた画家のイヴ・クラインと、ドゥボールは後に交友を結ぶ。
一〇月　パリのカルチェ・ラタン・シネクラブで、映画「サドのための絶叫」の初の完全上映。
一一月　ドゥボール、ヴォルマンとともに「レトリスト・インターナショナルの立場」を執筆、イズーらレトリスト右派を除名。『アンテルナシオナル・レトリスト』第一号発刊（五四年まで全四号刊行）。
一二月七日　ＬＩの結成を公式に発表。

一九五三年

一月　ヴォルマンとともにシュヴィリー＝ラリュ女子矯正院の襲撃を計画、未遂。

一九五四年

冬から春　ドゥボール、パリのマザリーヌ通りの壁に「決して働くな」のスローガンをチョークで描く。

一二月　ヨルン、〈イマジニスト・バウハウスのための国際運動〉（ＭＩＢＩ）を結成。

六月　ＬＩ機関誌『ポトラッチ』創刊（以後、一九五七年まで全二九号刊行）。

八月　ミシェル・ベルンシュタインと結婚。

秋　ＬＩ、シュルレアリストたちとともにランボー生誕百年祭糾弾共同行動を計画するが、後者の日和見のために実現せず。

一二月　ドゥボール、ヨルンと出会う。

一九五五年

春から夏　ドゥボールら、パリの町での「漂流」実験を頻繁に行う。

九月　ベルギーのシュルレアリスト、マルセル・マリエン主宰の雑誌『裸の唇』に、ドゥボールの論文「都市地理学批判序説」掲載。

一二月『裸の唇』誌に「サドのための絶叫」（第一版）のシナリオ掲載。

一九五六年

五月『裸の唇』誌に「転用の使用法」掲載。

八月　マルセイユのアヴァンギャルド芸術フェスティヴァルの粉砕行動に、ＬＩメンバー、ヨルンとともに参加。

九月二－八日　イタリアのアルバでシチュアシオニスト・インターナショナル（ＳＩ）結成に向けた第一回自由芸術家国際会議開催。

一九五七年
一一月　『裸の唇』誌に論文「漂流の理論」掲載。
五月　コペンハーゲンで、ヨルンの転用絵画書『コペンハーゲンの終わり』の製作に協力。転用地図によるポスター『ネイキッド・シティ』を製作。
六月二二日―七月二七日　イタリアのコシオ・ダローシャでSI結成大会。ドゥボールによる基調報告「状況の構築とシチュアシオニスト・インターナショナル潮流の組織・行動条件に関する報告」。
転用地図『心理地理学的パリ・ガイド』を製作。

一九五八年
一月　パリでSI第二回大会。
六月　SIの機関誌『アンテルナシオナル・シチュアシオニスト』誌第一号。ドゥボール、アンリ・ルフェーヴルと出会う。
一二月　転用による書物『回想録《メモワール》』製作。

一九五九年
『アンテルナシオナル・シチュアシオニスト』誌第二号。
四月　映画「かなり短い時間単位内での何人かの人物の通過について」撮影開始(九月に完成、上映)。ミュンヒェンでSI第三回大会。
秋　ドゥボール、カストリアディスらの新左翼運動〈社会主義か野蛮か〉と最初の接触。以後、彼らの集会に度々出席、若い世代に影響を与える。
一二月　『アンテルナシオナル・シチュアシオニスト』誌第三号。

一九六〇年
六月　『アンテルナシオナル・シチュアシオニスト』誌第四号。

七月　ドゥボール、〈社会主義か野蛮か〉のカンジュエール（ダニエル・ブランシャールの偽名）との共同署名のパンフレット『統一的革命綱領の定義に向けた予備作業』を執筆、配付。

一九六一年

九月　ドゥボール、アルジェリア戦争不服従宣言「一二一人宣言」に署名。映画「分離の批判」撮影開始（六一年二月に完成、上映）。ロンドンでSI第四回大会。

一二月『アンテルナシオナル・シチュアシオニスト』誌第五号。

五月　パリの国立科学研究所（CNRS）のアンリ・ルフェーヴルのセミネールでドゥボールのテープによる講演「日常生活の意識的変更のパースペクティヴ」。

〈社会主義か野蛮か〉との関係決裂。

八月『アンテルナシオナル・シチュアシオニスト』誌第六号。スウェーデンのイェーテボリでSI第五回大会。

一九六二年

三月　ドゥボールは、SIのコターニィ、ラウル・ヴァネーゲムと、ピレネー山中のアンリ・ルフェーヴルの別荘に滞在、数日間にわたる夜を徹した議論の結果としてパリ・コミューンに関するテーゼ「コミューンについて」をSI三名の署名で執筆。

四月『アンテルナシオナル・シチュアシオニスト』誌第七号。

一一月　アントウェルペンでSI第六回大会。

一九六三年

一月『アンテルナシオナル・シチュアシオニスト』誌第八号。

二月　ドゥボールらのパリ・コミューンに関するテーゼを盗用して雑誌『アルギュマン』最終号に自分の名で発表したアンリ・ルフェーヴルを糾弾するビラ「歴史の屑かごへ」を発表、以後、ルフェーヴルと絶交。

一九六四年

二月　ドゥボール、アリス・ベッケル＝ホーと出会い、妻ミシェル・ベルンシュタイン公認のもと二人で住み、以後、生涯にわたって行動を共にする。

六月　デンマークのオーデンセで政府核シェルター粉砕示威集会「RSG6粉砕」、ドゥボールの作品『指令』シリーズ展示。同名のパンフレットにドゥボールのデンマーク・仏・英語論文「シチュアシオニストと政治および芸術における新しい行動形態」を掲載。

八月　『アンテルナシオナル・シチュアシオニスト』誌第九号。

一二月　ドゥボールの映画三作品のシナリオ集『映画に反対して』出版。

一九六五年

七月　アルジェリアでのブーメディエンのクーデタに関して、パンフレット『アルジェリアと万国の革命派へのアピール』を作成、アルジェで配付（一一月にはパリで仏・独・スペイン・英・アラビア語版を配付）。

一二月　同年八月に起きたロサンゼルスのワッツ暴動に関するパンフレット『スペクタクル＝商品社会の衰退と崩壊』を執筆、配付。

一九六六年

三月　『アンテルナシオナル・シチュアシオニスト』誌第一〇号。

七月　パリでSI第七回大会。

一一月　ストラスブール大学でシチュアシオニストの影響を受けた学生らがフランス全学連（UNEF）の支部自治会を掌握（ストラスブールのスキャンダル）、自分たちの作ったシチュアシオニスト的転用コミック・ビラ『ドゥルッティ旅団の帰還』、SIのムスターファ・ハヤティ執筆の『学生生活の貧困』を配付し、体制内化したUNEFの解散を訴え、逆にUNEFから公金横領などで訴えられる。

一九六七年

八月　中国の文革批判パンフレット『中国におけるイデオロギーの発火点』を配付。

一〇月　『アンテルナシオナル・シチュアシオニスト』誌第一一号。

一一月　『スペクタクルの社会』出版。

一二月　ラウル・ヴァネーゲム、『若者用処世術概論』出版。シチュアシオニスト・シンパの若者たちがドゥボールとヴァネーゲムの本を体制転覆的な転用コミック・ポスターにしてパリ中に張り出したため、ドゥボールとヴァネーゲムは、殺人・窃盗・暴動教唆のかどで警察の取り調べを受ける。

一九六八年

一月　SIの強い影響を受けたルネ・リーゼルら、パリ大学ナンテール分校で〈怒れる者たち《アンラジェ》〉を結成。構内私服警官の追放、授業介入、大学本部棟占拠などの行動を起こす。

四月　〈怒れる者たち《アンラジェ》〉のメンバーの一人に五年間の大学追放処置。ドゥボール、

『SIにとっての組織問題』執筆、SI内部文書として配付。
五月　フランス五月革命。ドゥボールらはさまざまなバリケード闘争に参加、一四日に占拠されたソルボンヌ大学で〈怒れる者たち《アンラジェ》〉＝SI委員会を結成、初期のソルボンヌ占拠で中心的役割を担う。一八日、SIら五〇名の学生・労働者はソルボンヌを去り、闘争の拡大・深化をめざす新しいグループ〈占拠維持評議会〉（CMDO）を結成、ユルム通りの国立教育学院を占拠、活動を継続。
六月　五月革命の終息によってCMDO解散。
七月　ドゥボールらSI主要メンバー、ブリュッセルに脱出、共同で『占拠運動における〈怒れる者たち《アンラジェ》〉とシチュアシオニスト』を執筆、ルネ・ヴィエネの名前で出版（一〇月）。
一二月　ドゥボール、『スペクタクルの社会』へのサント＝ブーヴ賞受賞拒否。

一九六九年

七月　五月革命によるSIへの注目、数千名の自称シチュアシオニスト（プロ・シチュ）の出現、新メンバーの加盟、議論の停滞などの危機的状況の中で、ドゥボールはSIメンバーに書簡を送り、役割の固定化を避けるために機関誌の編集長を降りることを告げる。
九月　『アンテルナシオナル・シチュアシオニスト』誌第一二号。ヴェネツィアのジウデッカ島でSI第八回大会。
一〇月　ドゥボール、SIの組織方針をめぐる「方針討議」に関わり、多くの書簡、内部文書を執筆。

一九七〇年

三月　ドゥボール、「フランス・イタリア両セクション合同集会のためのノート」をSI内部文書として発表。

七月「今日のSIに関する見解」を発表、SIの停滞を批判。

一一月　ドゥボール、リーゼル、ヴィエネがSIの分派結成、SIの他のメンバーの無活動を糾弾、解決なき場合はSIの分裂を推進すると表明。

一二月　ドゥボールら、「ヴァネーゲムに関するSIのコミュニケ」を発表、ヴァネーゲムの待機主義を糾弾。

一九七一年

ドゥボール、映画プロデューサーのジェラール・ルボヴィッシと出会う。

九月　ルボヴィッシの設立した書店シャン・リーブルから『スペクタクルの社会』再刊。

一九七二年

一月　ドゥボール、ミシェル・ベルンシュタインと離婚。

四月　ドゥボール、ジャンフランコ・サングイネーティと『インターナショナルにおける真の分裂』をSI内部文書として出版、SIを解体する。

八月　ドゥボール、アリス・ベッケル＝ホーと結婚。以後、彼女とともに、パリを拠点としつつもオーヴェルニュ地方の小村シャンポー、アルル、イタリアのフィレンツェ、ボローニャ、スペインのバルセロナ、アンダルシアなどを転々とする生活を行う。

一九七三年　五月　アスガー・ヨルン死去。

一九七五年　夏　映画「スペクタクルの社会」製作開始（一〇月完成、翌年五月初上映）。
夏　映画「映画「スペクタクルの社会」に関してこれまでになされた毀誉褒貶相半ばする全評価に対する反駁」製作開始（一〇月に完成、上映）。

一九七七年　一月　映画「われわれは夜に彷徨い歩こう、そしてすべてが火で焼き尽くされんことを（イン・ギルム・イムス・ノクテ・エト・コンスミムル・イグニ）」撮影開始（七八年に完成、八一年五月に上映）。

一九七八年　一一月　『映画作品全集』出版。

一九七九年　二月　『「スペクタクルの社会」イタリア語版第四版への序文』を出版。
一二月　ドゥボール、アリス・ベッケル＝ホーと共訳で、〈鉄の旅団〉の「統制に服さぬ」ある人物著『一九三七年の降伏に関して現在と未来の絶対自由主義者に対して行う抗議』を「特性のない二人の『アマチュア』」の偽名でスペイン語から翻訳、出版。

一九八〇年　四月　ドゥボール、十五世紀のカスティリャの詩人ホルへ・マンリケの詩集『わが父の死についての歌』を翻訳、出版。
夏―秋　アリス・ベッケル＝ホーとともにアンダルシアに滞在、フランコ政権によって監獄に囚われていた反体制派〈グルーポ・アウトノモ〉のメンバーを救出するため、九月に「インターナショナルの友」の偽名で「絶対自由主義者へ」と題するスペイン語のアピールを作成、街中に掲示、一一月に同集団の文書などと合わせて『セゴビアの監獄に関するアピール』を翻訳、出版。

一九八二年　一〇月　映画「われわれは夜に彷徨い歩こう、そしてすべてが火で焼き尽くされんことを（イン・ギルム・イムス・ノクテ・エト・コンスミムル・イグニ）」への新聞雑誌の反響だけを収めた書物『ごみと瓦礫』を出版。

一九八三年　四月　ジェラール・ルボヴィッシがドゥボールのために作った彼の作品の専用映画館ステュディオ・キュジャスで映画全作品の恒常的上映開始。

一九八四年　三月　ジェラール・ルボヴィッシ暗殺。

四月　ルボヴィッシ暗殺へのドゥボールの関与を騒ぎ立てるマスコミに抗議して、ステュディオ・キュジャスでの映画上映を停止、以後、あらゆる場所での映画上映を禁じる。

一九八五年　二月『ジェラール・ルボヴィッシの暗殺に関する考察』を出版。ハイメ・センプルン主宰の雑誌『有害物質百科事典』に協力、同誌第五号（八五年一一月）に農事産業による食品偽造を告発する項目「腹の足し」（Abat-faim）、同誌第九号（八六年一一月）にスペクタクル的医学を批判する項目「怒りにかられて」（Ab irato）を執筆。

一九八七年　一月　アリス・ベッケル＝ホーとの共著で『戦争ゲーム』を出版。

一九八八年　八月『スペクタクルの社会についての注解』出版。

一九八九年　二月　パリのポンピドゥー・センターでSIに関する展覧会開催（四月まで）、以後、ロンドンの現代芸術院（六月－八月）、ボストンの現代芸術院（一〇月－翌年一月）を巡回。

一九九〇年　七月　自伝的書物『称賛の辞《パネジリック》——第一巻』出版。

一〇月『われわれは夜に彷徨い歩こう、そしてすべてが火で焼き尽くされんことを（イン・ギルム・イムス・ノクテ・エト・コンスミムル・イグニ）——校訂版』出版。

一九九二年　一〇月『スペクタクルの社会』、『スペクタクルの社会についての注解』、ガリマール書店から再刊。以後、ドゥボールの著作、次々と同書店から再刊。

一九九四年　一一月三〇日　ドゥボール、シャンポーの自宅で拳銃自殺。

一九九五年　一月九日　フランスのペイ・テレビ〈キャナル・プリュス〉で「ギー・ドゥボール、その芸術とその時代」、「スペクタクルの社会」、「映画「スペクタクルの社会」に関してこれまでになされた毀誉褒貶相半ばする全評価に対する反駁」とともに放映。

文庫版訳者あとがき

本書は、一九九三年に平凡社から出版されたギー・ドゥボール著『スペクタクルの社会』（Guy Debord, *La Société du spectacle* 初版一九六七年）の再刊である。だが、ちくま学芸文庫に収めるにあたって、旧版の訳文を点検し直し、できるだけ元の訳文を尊重しつつも、誤訳と誤読を訂正し、こなれない日本語をわかりやすく改めた。訂正箇所はかなりの数になるため、今後、このちくま学芸文庫版を日本語による決定訳と見なすことにする。

今回の翻訳の見直しに際して、原著の諸外国語への翻訳（全訳ではイタリア語二版、英語二版、デンマーク語、ポルトガル語、ドイツ語、オランダ語、スペイン語、ギリシア語、エジプト語、アラブ語、トルコ語、ポーランド語、スウェーデン語、抄訳ではフィンランド語、ロシア語、ルーマニア語などがある）のうち、二種類存在する英語訳（書誌を参照）も参照した。その一つ、Black & Red 版は一九七〇年に匿名で出版され、その後、一九七七年に改訳され、版を重ね、No Copyright, No Right reserved の出版方針に従って、インターネット上で多くの者が自由に掲載しているものである。もう一つ、Zone Books 版は、元シチュアシオニストでアンリ・ルフェーヴルの翻訳なども手がけているドナルド・ニコルソン＝スミスによる新しい翻訳で、一九九四年に出版されたものである。英語によるドゥボール伝を書いたレン・ブラッケン（Len Bracken, *Guy Debord—Revolutionary* 書誌を参照）は前者を「良い翻訳」（good translation）、後者を「ひどい翻訳」（poor translation）と評しているが、実際、前者は可能なかぎり原文に忠実に訳した翻訳で、後者は訳者の解釈を大胆に交えた意訳である。前者は、正確な翻訳とは言っても極端な直訳調のため、フランス語の曖昧な点を理解する助けにはあまりならず、後者は、英語としての平明さを追求するあまり、勇み足から間違った解釈も少なからず含まれているため、これもまた別の意味で役に立たなかった。日本語での翻訳においては、ドゥボールの文章に忠実でありつつも、日本語としてわかりやすいものであることを心がけたが、どこまでそれが実現できたかは、読者の判断にゆだねたい。

なお、旧版の翻訳はChamp Libre版を定本とし、「フランス語版第三版への緒言」だけをGallimard版にもとづいて行ったが、これは、Gallimard版が日本語版翻訳の出版の直前になって出されたためにすぎない。今回、「緒言」もテクストもともに、Gallimard版を元にして翻訳した。もっとも、テクストに関しては、ドゥボールが「緒言」のなかで述べているように、両版の間で異同はまったくない。

旧版には、翻訳の後に、『スペクタクルの社会』の意義と、ドゥボールの率いたシチュアシオニスト・インターナショナルについての訳者による解説「訳者解題　付『シチュアシオニスト・インターナショナル』の歴史」を収めたが、これに関しては、二、三の表記の訂正以外、今回、改めた点はない。筆者がこれを書いた一九九三年から現在までに、ドゥボールについてもシチュアシオニスト・インターナショナルについても、フランスをはじめ各国で研究が進み、多くのことが知られるようになったものの、一〇年前に書いたこの拙文に間違った情報は一つも含まれていないと考えるからである。ただし、この一〇年間の研究の成果をふまえ、旧版にあった「書誌」を大幅に書き足し、「読者の便」を図りドゥボールの生涯を年表式の「略年譜」の形で新たに書いて付け足した。

この「書誌」にも挙げたように、この一〇年間に、日本でも、ドゥボールの著作のうち二冊が『スペクタクルの社会についての注解』と『映画に反対して——ドゥボール映画作品全集』（ともに筆者訳、現代思潮社および現代思潮新社）として翻訳され、ドゥボールの文章が数多く含まれるシチュアシオニスト・インターナショナルの機関誌全一二号と関連資料も『アンテルナシオナル・シチュアシオニスト』全六巻（筆者による監訳、インパクト出版会）として翻訳刊行された。シチュアシオニスト自らが「これは何一つ欠けるところのない本だ、一つあるいは数多くの革命を除いては」と評しているこの『スペクタクルの社会』という書物を理解するには、この本そのものを精読すれば足り、必ずしもドゥボールやシチュアシオニストについて知る必要はないかもしれないが、ドゥボールがここで述べている内容の背景をより深く知るために、ぜひこれらの本を読まれることをお勧めする。

＊

一九九三年に『スペクタクルの社会』の日本語版翻訳が刊行された当時、ドゥボールの名前は日本ではほとんど知られておらず、フランスでも、彼を熱狂的に讃えるわずかな者たち（Happy few）を除き、その人物像は一種の謎に包まれていたが、それはドゥボール自身がマスメディアとの接触を一切拒み、スペクタクルの社会との「闘争」を身をもって実践していたことの必然的結果でもあった。しかしながら、その翌年の一一月三〇日の衝撃的な「自殺」——それは、単なる自殺ではなく、自らの不治の病（アルコール性神経炎）の進行に、他人の手を借りず自らの意志によって終止符を打つ一種の「尊厳死」である——以降、マスメディアはあたかも残された最後のヒーローであるかのごとくドゥボールの生き方について騒ぎ立て、その思想と運動についても、多くの者が注目し、言及しはじめた。そうした表層的な喧騒に抗して、ドゥボールとシチュアシオニスト・インターナショナルについての「研究」もその後、数々の研究書や論文・記事、伝記、回想録、雑誌の特集、ラジオ・テレビの特集番組、展覧会、映画祭など、さまざまな形で進められ、ドゥボールが生前に書いた膨大な量の書簡も現在刊行中である（これらについては「書誌」を参照されたい）。

さらにまた、ドゥボールとシチュアシオニストの運動について同時代的に経験しなかった若い世代の者たちが、ヨーロッパを中心とした反グローバリズム・反新自由主義の新しい運動のなかで、「スペクタクルの社会」という批判理論を身に付けて活動し始めている。これは、グローバリズムと欧州統合という「統合されたスペクタクル」――それは新たな段階に達した資本主義が、どこにも外部を認めず、歴史と歴史意識を抹殺し、警察的管理とメディアの肥大により社会の全面的支配を行おうとするものである――がもたらした危機的状況のなかで、ドゥボールの思想が古びるどころか逆にますますその意義を再確認されていることの証左でもある。ドゥボールとマルクスとの関係に焦点を当てて『スペクタクルの社会』の詳細な分析を行ったアンゼルム・ヤッペ（Anselm Jappe, *Guy Debord* 書誌を参照）は、マルクスが『資本論』において再導入した「商品形態」と「価値」の根幹にある「疎外」の概念を、ドゥボールは現代的に読み換えたとして、その意義を高く評価しているが、資本主義と商品経済の拡張の果てに、どこにも「外部」が存在しなくなり、スペクタクル的で投機《スペキュラティフ》的な金融とテクノロジーの空しい「発展」が世界を覆い、われわれが「モノ」を生産すればするほど、われわれの生が貧しくなり、権力は警察的な監視のネットワークの中で、外部ではなく内部の「敵」を新たに作り上げつつ、それを叩くことで単一化された社会をコントロールしている現在の世界について、ドゥボールの「スペクタクルの社会」の理論は最も透徹した理解――と、その転覆の道筋――を与えてくれるのだと言えるだろう。

長らく品切れであった本書が、いま再び日本語で読めるようになったことは、社会学、都市論、メディア論、地理学、権力論、映画論、建築、美術等々の分野で幅広く引用され、いまや一種の古典となったドゥボールのこの書物をだれもが読めるという意味で歓迎すべきことだが、それと同時に、人々がこの本によって今の時代を理解し、批判理論を養い、そのことによって勇気づけられることを期待したい。平凡社の編集者として旧版の編集を手がけて下さり、現在は独立して編集活動を行っておられる二宮隆洋氏と、本書の意義を高く評価し、今回、文庫の形態で出版することを決定されたちくま学芸文庫の編集長、渡辺英明氏に感謝したい。

二〇〇二年一一月三〇日　ドゥボールの八年目の命日に

木下　誠

本書は、一九九三年五月十四日、平凡社より刊行された。

旧体制と大革命
A・ド・トクヴィル　小山勉訳
中央集権の確立、パリ一極集中、そして平等を自由に優先させる精神構造——フランス革命の成果は、実は旧体制の時代にすでに用意されていた。

ニーチェ
G・ドゥルーズ　湯浅博雄訳
〈力〉とは差異にこそその本質を有している——ニーチェのテキストを再解釈し、尖鋭なポスト構造主義的イメージを提出した、入門的な小論考。

カントの批判哲学
G・ドゥルーズ　國分功一郎訳
近代哲学を再構築してきたドゥルーズが、三批判書を追いつつカントの読み直しを図る。ドゥルーズ哲学が形成される契機となった一冊。新訳。

基礎づけるとは何か
ジル・ドゥルーズ　國分功一郎／長門裕介／西川耕平編訳
より幅広い問題に取り組んでいた、初期の未邦訳論考集。思想家ドゥルーズの「企画の種子」群を紹介し、彼の思想の全体像をいま一度描きなおす。

スペクタクルの社会
ギー・ドゥボール　木下誠訳
状況主義——「五月革命」の起爆剤のひとつとなった芸術＝思想運動——の理論的支柱で、最も急進的かつトータルな現代消費社会批判の書。

論理哲学入門
E・トゥーゲントハット／U・ヴォルフ　鈴木崇夫／石川求訳
論理学とは何か。またそれは言語や現実世界とどんな関係にあるのか。哲学史への確かな目配りと強靭な思索をもって解説するドイツの定評ある入門書。

ニーチェの手紙
茂木健一郎編・解説　塚越敏／眞田収一郎訳
哲学の全歴史を一新させた偉人が、思いを寄せる女性に綴った真情溢れる言葉から、手紙に残した名句まで——書簡から哲学者の真の人間像と思想に迫る。

存在と時間　上・下
M・ハイデッガー　細谷貞雄訳
哲学の根本課題、存在の問題を、現存在としての人間の時間性の視界から解明した大著。刊行時すでに哲学の古典と称された20世紀の記念碑的著作。

「ヒューマニズム」について
M・ハイデッガー　渡邊二郎訳
『存在と時間』から二〇年、沈黙を破った哲学者の後期の思想の精髄。「人間」ではなく「存在の真理」の思索を促す、書簡体による存在論入門。

宗教の理論
ジョルジュ・バタイユ
湯浅博雄訳
聖なるものの誕生から衰滅までをつきつめ、宗教の根源的核心に迫る。文学、芸術、哲学、そして人間にとって宗教の〈理論〉とは何なのか。

純然たる幸福
ジョルジュ・バタイユ
酒井健編訳
著者の思想の核心をなす重要論考20篇を収録。文庫化にあたり「クレー」「ヘーゲル弁証法の基底への批判」「シャプサルによるインタビュー」を増補。

エロティシズムの歴史
ジョルジュ・バタイユ
湯浅博雄/中地義和訳
三部作として構想された『呪われた部分』の第二部。荒々しい力〈性〉の禁忌に迫り、エロティシズムの本質を暴く、バタイユの真骨頂たる一冊。(吉本隆明)

エロスの涙
ジョルジュ・バタイユ
森本和夫訳
エロティシズムは禁忌と侵犯の中にこそあり、それは死と切り離すことができない。二百数十点の図版で構成されたバタイユの遺著。(林好雄)

呪われた部分　有用性の限界
ジョルジュ・バタイユ
中山元訳
『呪われた部分』草稿、アフォリズム、ノートなど15年にわたり書き残した断片。バタイユの思想体系の全体像と精髄を浮き彫りにする待望の新訳。

ニーチェ覚書
ジョルジュ・バタイユ編著
酒井健訳
バタイユが独自の視点で編んだニーチェ箴言集。ニーチェを深く読み直す営みから生まれた本書には二人の思想が相響きあっている。詳細な訳者解説付き。

入門経済思想史　世俗の思想家たち
R・L・ハイルブローナー
八木甫ほか訳
何が経済を動かしているのか。スミスからマルクス、ケインズ、シュンペーターまで、経済思想の巨人たちのヴィジョンを追う名著の最新版訳。

分析哲学を知るための
哲学の小さな学校
ジョン・パスモア
大島保彦/高橋久一郎訳
数々の名テキストで哲学ファンを魅了してきた分析哲学界の重鎮が、現代哲学を総ざらい！　思考や議論の技を磨きつつ、哲学史を学べる便利な一冊。

表現と介入
イアン・ハッキング
渡辺博訳
科学にとって「在る」とは何か？　科学は真理を捉えられるのか？　現代哲学の鬼才が20世紀を揺るがした問いの数々に鋭く切り込む！　(戸田山和久)

社会学への招待
ピーター・L・バーガー
水野節夫／村山研一訳
社会学とは、「当たり前」とされてきた物事をあえて疑い、その背後に隠された謎を探求しようとする営みである。長年親しまれてきた大定番の入門書。

聖なる天蓋
ピーター・L・バーガー
薗田稔訳
全ての社会は自らを究極的に審級する象徴の体系、「聖なる天蓋」をもつ。宗教について理論・歴史の両面から新たな理解をもたらした古典的名著。

人知原理論
ジョージ・バークリー
宮武昭訳
「物質」なるものなど存在しない――。バークリーの思想的核心が、平明このうえない訳文と懇切丁寧な注釈により明らかとなる。主著、待望の新訳。

デリダ
ジェフ・コリンズ
鈴木圭介訳
「脱構築」「差延」の概念で知られるデリダ。現代思想に偉大な軌跡を残したその思想をわかりやすくビジュアルに紹介。丁寧な年表、書誌を付す。

ベンヤミン
ケイギル／コールズ／アピニャネジ
久保哲司訳
〈批評〉を哲学に変えた思想家ベンヤミン。親和力、多孔質、アウラ、廃墟などのテーマを通してその思想の迷宮をわかりやすく解説。詳細な年譜・文献付。

ビギナーズ　哲学
デイヴ・ロビンソン文
ジュディ・グローヴズ画
鬼澤忍訳
初期ギリシャからポストモダンまで。社会思想や科学哲学も射程に入れ、哲学史を見通すビジュアルガイド。哲学が扱ってきた問題が浮き彫りになる！

ビギナーズ　倫理学
デイヴ・ロビンソン文
クリス・ギャラット画
鬼澤忍訳
正義とは何か？　なぜ善良な人間であるべきか？　倫理学の重要論点を見事に整理した、道徳的カオスの中を生き抜くためのビジュアル・ブック。

ビギナーズ『資本論』
マイケル・ウェイン
チェ・スンギョン画
鈴木直監訳　長谷澪訳
『資本論』は今も新しい古典だ！　むずかしい議論や概念を、具体的な事実や例を通してわかりやすく読み解き、今読まれるべき側面を活写する。（鈴木直）

宗教の哲学
ジョン・ヒック
間瀬啓允／稲垣久和訳
古今東西の宗教の多様性と普遍性は、究極的実在に対する様々に異なるアプローチであり応答である。「宗教的多元主義」の立場から行う哲学的考察。

ちくま学芸文庫

スペクタクルの社会《しゃかい》

二〇〇三年一月八日　第一刷発行
二〇二五年一月三十日　第九刷発行

著　者　ギー・ドゥボール
訳　者　木下　誠（きのした・まこと）
発行者　増田健史
発行所　株式会社　筑摩書房
東京都台東区蔵前二―五―三　〒一一一―八七五五
電話番号　〇三―五六八七―二六〇一（代表）
装幀者　安野光雅
印刷所　株式会社精興社
製本所　株式会社積信堂

ISBN978-4-480-08735-5 C0136